Benny Hinn

SALBUNG – DIE KRAFT
DES HEILIGEN GEISTES

Benny Hinn

Salbung – die Kraft des Heiligen Geistes

Projektion J Verlag GmbH, Wiesbaden

Titel der amerikanischen Originalausgabe:
The Anointing

© 1992 by Benny Hinn
Published in Nashville, Tennessee by Thomas Nelson, Inc.,
distributed in Canada by Lawson Falle, Ltd., Cambridge, Ontario

© der deutschen Ausgabe 1993 by
Projektion J Verlag GmbH, Niederwaldstraße 14, D-6200 Wiesbaden

ISBN 3-925352-79-1

Übersetzung: Gabriele Horn-Merz
Umschlaggestaltung: Büro für Kommunikationsdesign Heidenreich, Haltern am See
Satz: Projektion J Verlag GmbH, Wiesbaden
Druck: Schönbach-Druck GmbH, Erzhausen

1 2 3 4 5 – 93 94 95

Für meinen Sohn Josua

Ich bete,
daß er die Botschaft der Erlösung
und der Kraft des Heiligen Geistes
bis an die Enden der Erde trägt.

Inhalt

Vorwort

In meinem ersten Buch *Guten Morgen, Heiliger Geist!* habe ich die Tatsache betont, daß der Heilige Geist Gott ist, ein gleichberechtigter Teil der Dreieinigkeit, eine Person, die mindestens – wenn nicht noch mehr – so real ist wie Sie und ich. Mein Ziel in jenem Buch war es, Sie mit dem Heiligen Geist bekannt zu machen und Sie in die Erfahrung seiner Gegenwart hineinzuführen.

Mit meinem Buch *Salbung – die Kraft des Heiligen Geistes* möchte ich mit Ihnen einen Schritt weitergehen in diese wunderbare Beziehung mit dem Heiligen Geist und Ihnen helfen, die Realität der Kraft in Ihrem Leben zu erfahren, mit der Sie Jesus in Ihrer ganz persönlichen Berufung dienen können.

Die Kraft, die ich meine, ist die Salbung des Heiligen Geistes, wie Jesus sie nach seiner Auferstehung verheißen hat: »Aber ihr werdet die Kraft des Heiligen Geistes empfangen, der auf euch herabkommen wird; und ihr werdet meine Zeugen sein« (Apg 1,8).

Ich denke, wir sind uns darin einig: Wenn der Leib Christi jemals Kraft brauchte, dann tut er dies in der jetzigen Zeit am dringendsten. Nur die wunderwirkende Kraft des allmächtigen Gottes kann der Flut von Sünde und Krankheit Einhalt gebieten, die unsere Welt bis in ihren letzten Winkel überrollt.

Schwachheit ist nicht unser Erbe als Christen, und doch haben sich viele von uns damit zufriedengegeben. Die Bibel sagt aber, daß unser Zeugnis von Christus »durch Zeichen« (Mk 16,20) bekräftigt werden wird.

Diese Verheißung soll durch die Salbung des Heiligen Geistes erfüllt werden, und mit Hilfe des vorliegenden Buches sollen Sie mit diesem verborgenen Schatz ausgerüstet werden.

Zuerst muß die Gegenwart Gottes da sein, und dann setzt die Salbung ein. Die Salbung ist nicht die Taufe im Heiligen Geist, obwohl diese auch sehr wichtig ist. Die Salbung ist die Kraft, die Kraft, Gott zu dienen. Sie werden ganz sicher wissen, wann die

Gegenwart des Heiligen Geistes in Ihr Leben gekommen ist, denn Sie werden ihm persönlich begegnen und wunderbare Gemeinschaft mit ihm haben. Und sie werden sofort wissen, wenn er Sie geistlich, geistig und körperlich bevollmächtigt hat, den Kampf gegen Krankheit und Dämonen zu beginnen.

Seien Sie sicher: Gott will, daß Sie diese Art seiner Führung kennen und erleben. Lesen Sie weiter, dann wird es Wirklichkeit.

Sie stehen kurz davor, Erfahrungen zu machen, die Ihr Leben verändern werden. Möge Gott Sie in jeder Weise segnen, wenn Sie Schritt für Schritt vorwärtsgehen. Wir dienen einem wunderbaren und mächtigen Gott!

Kapitel 1

Ein Desaster in Detroit

Ich lag in meinem Bett in einem Detroiter Hotelzimmer und versuchte mich zu entspannen. Dabei betete ich leise und lobte Gott. Es war ein Samstagabend im Jahr 1980, die Uhr stand auf Mitternacht, und ich sollte am folgenden Tag jeweils morgens und abends in einer Gemeinde außerhalb der Stadt predigen.

Nach einigen Minuten spürte ich die Gegenwart Gottes auf so mächtige Weise im Raum, daß mir die Tränen kamen, ich war in seiner Herrlichkeit gefangen. Die Gegenwart – diese wunderbare Gegenwart des Heiligen Geistes, die Jahre zuvor mein Leben auf so revolutionäre Weise verändert hatte – wog so schwer, daß mir alles andere gleichgültig war. Bevor ich mir darüber bewußt wurde, war es zwei Uhr morgens, und ich betete immer noch.

Am nächsten Morgen stand ich schnell auf, fühlte mich ausgeruht und stark und betete erneut, bevor ich zum Gottesdienst ging. Nun war meine Gebetszeit nicht so außergewöhnlich. Ich empfand nichts, was meinem Erlebnis der vorausgegangenen Nacht entsprach, aber dem nahezukommen, wäre auch schwierig gewesen.

Ich ging zum Gottesdienst, und als ich an der Reihe war, begann ich mit meiner Predigt. Ich öffnete meinen Mund und wollte die ersten Worte sagen, als sich eine Wolke göttlicher Herrlichkeit auf das Gebäude senkte.

Es war, als wäre die ehrfurchtgebietende, heilige Gegenwart Gottes und seine Herrlichkeit auf uns gekommen. Es war so schwer, daß man sich nicht rühren konnte.

Einige Menschen begannen zu weinen. Während ich sprach, fielen einige von ihren Stühlen zu Boden. Sie seufzten und stöhnten mit verwunderlichen Reaktionen. Was geschah hier?

Dann schloß ich meine Augen und sagte nur ein Wort: »Jesus.«

Wusch! Gottes Gegenwart und Kraft fegten noch stärker als zuvor durch die Zuhörerschaft, und überall kamen die Menschen in Bewegung. Ich sah keinen, der nicht sichtbar angerührt war.

Ein Mann neben mir sagte:»Ich habe noch nie Gottes Gegenwart so gespürt wie jetzt.« Tränen strömten seine Wangen hinunter.

Ich wußte, daß er recht hatte. Ich selbst hatte die Gegenwart und die Salbung des Heiligen Geistes noch nie so mächtig in einem Gottesdienst erlebt wie hier.

Mittagspause

Nach dem Gottesdienst hatte ich eine Verabredung zum Mittagessen mit einer Cousine, die in Detroit lebte. Ich hatte sie einige Zeit nicht mehr gesehen und freute mich sehr auf unsere gemeinsame Mahlzeit.

Meine Cousine und ihr Mann begrüßten mich als ich ankam, wir setzten uns an den Tisch und frischten unsere Bekanntschaft auf. Wir bekamen ein köstliches Mittagessen, und unsere Unterhaltung verlief lebendig und angenehm.

Plötzlich – wir waren mitten beim Essen – fühlte ich, wie Gott an meinem Herzen zupfte. Ich kannte dieses Gefühl sehr gut. Er rief mich sanft:»Geh und bete.«

Ich war verblüfft, und in meinem Herzen antwortete ich: *Herr, ich kann jetzt nicht gehen. Ich esse gerade mit diesen Leuten zu Mittag. Und ich bin nicht selbst hierhergefahren. Das Hotel liegt fünfundvierzig Minuten entfernt, und ich habe keine Möglichkeit, dorthin zu kommen. Außerdem, wie kann ich einfach aufstehen und mitten im Essen gehen?*

Stille.

Unser Essen ging zu Ende, und der Mann, der mich hergefahren hatte, brachte mich zurück zum Hotel. Ich war so erschöpft, als ich in mein Zimmer kam, daß ich ein Mittagsschläfchen halten mußte.

Als ich abends zum Gottesdienst kam, war die Zuhörerschaft doppelt so groß wie am Morgen. Gottes Kraft war so beeindruckend gewesen, daß die Menschen immer noch begeistert und aufgeregt waren, voller Erwartung für den Abendgottesdienst. Wie würde der Abend verlaufen nach einem so mächtigen Morgen?

Es war anders

Ich ging nach vorne, um zu predigen, aber als ich meinen Mund öffnete, war da gar nichts – nur Worte. Keine Gegenwart. Keine überwältigende Salbung des Geistes. Keine Kraft.

Ich kämpfte. Ich wußte nicht, was ich als nächstes tun sollte. Ich konnte an den Gesichtsausdrücken meiner Zuhörer sehen, daß sich viele fragten, was hier los war. Tatsache war: *Nichts* war hier los.

Nur Stunden zuvor hatte ich einfach das Wort *»Jesus«* ausgesprochen, und Gottes Kraft war über uns gekommen. Die Menschen hatten die Berührung Gottes gespürt und in seiner Gegenwart geweint. Aber nun . . . ich sagte alles, was mir einfiel, und nichts geschah.

Schließlich war der Gottesdienst zu Ende. Es war ein Desaster! Ich konnte nicht schnell genug in mein Hotel zurückkehren. Ich rannte in mein Zimmer, verschloß eilig die Tür und drehte den Schlüssel herum. Was für eine Erleichterung! Der Gottesdienst hatte scheinbar eine Ewigkeit gedauert.

Ich setzte mich auf mein Bett, und meine Gedanken rasten nach dieser schweren Prüfung. Ich war verwirrt und ratlos. »Gott, was ist passiert? Heute morgen war deine Gegenwart so überwältigend und deine Kraft so groß, daß ich mich in deiner Herrlichkeit kaum auf meinen Füßen halten konnte. Die Menschen waren zu Tränen gerührt.«

Ich schüttete weiter mein Herz aus. »Es war wie im Himmel. Aber heute abend! Was hat nicht gestimmt? Warum schien der Gottesdienst so leer? So leer, ohne dich?« Schließlich hörte ich auf. Und die sanfte, weiche Stimme des Heiligen Geistes flüsterte: »Erinnerst du dich noch, als ich dich heute nachmittag anstupste und sagte: ›Geh und bete‹? Du hast beschlossen, bei deiner Cousine zu bleiben. Du hast deiner Cousine und ihrem Mann den Platz eingeräumt, der mir gehört. Du hast sie vor mich gestellt.«

Um vieles leiser, versuchte ich immer noch, mich zu verteidigen: »Aber ich konnte doch nicht einfach gehen. Was hätte meine Cousine gedacht?«

Die Stimme war immer noch weich und sanft: »Das ist Teil des Ganzen, Benny. Bist du bereit, den Preis für die Salbung zu zahlen?«

Ich hatte es schon gewußt

Ja, in der Gegenwart des Heiligen Geistes *ist* Kraft. Davon schrieb ich in *Guten Morgen, Heiliger Geist!* bereits. Und *es gibt* die Kraft der Salbung, von der ich Ihnen in diesem Buch etwas erzählen möchte. Und *es gibt* einen Preis, den wir dafür bezahlen müssen. Jene Episode in Detroit hat alle drei Tatsachen vermittelt. Die Gegenwart des Heiligen Geistes führt uns dazu, in der Kraft der Salbung zu leben, wenn wir bereit sind, den Preis des Gehorsams zu zahlen.

Kathryn Kuhlman, die eine so wichtige Rolle für meine Begegnung mit dem Heiligen Geist und die Wahrheiten seiner Gegenwart, der Salbung, spielte, hatte auch über »den Preis« gesprochen. Sie hatte ihn bezahlt.

Ich habe auch nie meine Begegnung mit einem Mann in England vergessen, der eine große Salbung des Geistes auf seinem Leben hatte. Jedesmal, wenn ich in seine Nähe kam, begannen meine Knie zu zittern. Manchmal merkte ich, wie ich schwach wurde, wenn ich ihn nur ansah.

Eines Tages betete ich: »Herr, laß deine Salbung über mich kommen wie über ihn.«

Der Herr antwortete mir: »Bezahle den Preis, und ich werde sie dir geben.«

»Was ist der Preis?« fragte ich schließlich.

Die Antwort kam nicht sofort. Aber eines Tages kam sie ganz plötzlich durch den Heiligen Geist. Er zeigte es mir in Apostelgeschichte 4,13: »Als sie den Freimut des Petrus und des Johannes sahen und merkten, daß es ungelehrte und einfache Leute waren, wunderten sie sich. *Sie erkannten sie als Jünger Jesu.*«

Das ist der Schlüssel – Jünger Jesu, bei Jesus zu sein – immer und immer wieder, ständig, nicht nur ein paar Minuten am Tag, nicht nur gelegentlich. In Detroit war ich in jener Samstagnacht bei Jesus gewesen. Aber ich hatte mich geweigert, später mit ihm allein zu sein, als er mich darum bat.

Die Gegenwart und die Salbung. Wenn Sie weiterlesen, werden Sie lernen, wie der Heilige Geist Sie dazu führen kann, die Fülle und die Kraft Gottes jeden Tag zu erleben. Wenn Sie einmal begreifen, und wenn Sie die Tiefe und reiche Realität dieser besonderen Berührung Gottes erfahren, dann werden Sie nie, nie mehr derselbe sein.

Kapitel 2

Das wertvollste Geschenk

»Was ist Ihnen als Christ am wertvollsten?«

Diese Frage haben mir Menschen jahrelang gestellt. Und jedesmal ist meine Antwort die gleiche. Abgesehen von meiner Erlösung ist mir die Salbung am wertvollsten.

Der Ausdruck »*Salbung*« mag einigen von Ihnen nicht vertraut sein. Mein Leben hat sich jedoch völlig verändert, seit mir Gott zum erstenmal aus Gnade die Salbung seines Heiligen Geistes schenkte. Mit »Salbung« ist die Salbung des *Heiligen Geistes* gemeint, und sie wird durch Jesus Christus geschenkt. Kein Mensch kann das vollbringen.

Seit jener herrlichen Begegnung, auf die ich im folgenden Kapitel näher eingehen werde, würde ich lieber heute sterben, als auch nur einen Tag ohne sie zu leben. Das klingt dramatisch in unserem Zeitalter der Selbstbezogenheit und des Humanismus, aber es ist die Wahrheit.

Mein ständiges Gebet ist einfach: »Vater, bitte nimm nie deine Salbung von mir. Ich möchte lieber vergehen, als ohne deine Berührung auf meinem Leben zu leben. Ich möchte nie einen Tag ohne die Salbung deines Heiligen Geistes sein.« Und ich glaube, daß dieses Gebet auch zu Ihrem werden wird.

Was Gott mich über diese besondere Anrührung gelehrt hat, hat mich dahingebracht, meine Beziehung zu unserem immer gegenwärtigen Begleiter, dem Heiligen Geist, nur noch viel mehr zu schätzen. Ich weiß jetzt, daß es verschiedene Arten der Salbung gibt, und ich werde das in späteren Kapiteln erläutern. Und ich weiß, daß es mir möglich ist, den Meister zu verlassen und mir seine vertraute Beziehung zu verscherzen, die ich doch mit meinem ganzen Wesen achte. Ich könnte ihm mit einem Willensakt den Rücken zudrehen und mich der Gemeinschaft mit ihm entziehen. Aber das werde ich nie tun. Wie ich bereits sagte: Ich würde lieber sterben, als diese Berührung zu verlieren.

Mein Ziel ist es, meine Beziehung zu Gott zu vertiefen und zu einer größeren Dimension der Salbung hinzuwachsen. Denn trotz der unglaublichen Erfahrungen, die er mir bereits geschenkt hat, weiß ich, daß er noch mehr für seine Kinder hat. Ich möchte dieses unglaubliche Abenteuer mit Ihnen teilen.

Ihre Sehnsucht kann erfüllt werden

Vielleicht sagen Sie: »Benny, ich wünsche mir, die Kraft Gottes in meinem Leben zu erfahren, aber ich weiß einfach nicht, wie ich das anstellen soll. Ich liebe Gott, und ich weiß, daß er mich liebt. Aber in mir ist eine Sehnsucht nach einer tieferen, vertrauteren Beziehung. Ich will nicht mehr *über* ihn wissen und kennen; ich will *ihn* kennen und die Realität seiner Kraft jeden Tag erfahren.«

Seien Sie sicher: Ihr Wunsch kann erfüllt werden. Er hat Ihr Schreien gehört. Das erste, was er Sie wissen lassen möchte, ist sein Wunsch, daß seine Kinder – und zwar alle – seine Gegenwart erfahren, und nicht nur einmal oder zweimal, sondern jeden Tag. Er wünscht sich für Sie, daß Sie nicht nur seine Gegenwart kennen, sondern auch seine Gemeinschaft und seine Kraft.

Trotzdem können Sie die Kraft der Salbung Gottes nicht erfahren, bevor Sie die Gegenwart Gottes erlebt haben. Viele haben die wirkliche Bedeutung und den zentralen Inhalt des Wortes »Salbung« mißverstanden. Sie halten es für irgendeine Erfahrung, die einem eine Gänsehaut bereitet, bei der es nur um Gefühle geht und die daher etwas sehr Kurzlebiges ist. Das ist nicht wahr. Wenn die Salbung des Geistes auf Ihr Leben kommt, wird alle Verwirrung weichen. Sie werden für immer verändert sein.

Ich kann mich daran erinnern, wie ich das erste Mal diesen süßen, ehrfurchterregenden, mächtig reißenden Strom der Salbung durch mich hindurchfließen fühlte. Es war, als wäre ich in eine Decke seiner Liebe gewickelt, ganz unverwechselbar. Die Wärme seiner Gegenwart umgab mich. Alles um mich herum versank in Schatten, während ich mich in der Gegenwart des Heiligen Geistes sonnte. Da bestand kein Zweifel, wer er war. Ich war überwältigt von seiner Liebe und Nähe. Ich spürte vollkommenen Frieden, und gleichzeitig explodierte ich förmlich vor Begeisterung.

Auch Sie können Gott durch die Erfahrung der Salbung und Kraft seines Geistes auf so vertraute Weise kennenlernen – heute, morgen, immer.

Abschied vom eigenen Ich

Nur wenn Sie Ihr eigenes Ich loslassen, wenn Sie bereit sind, alles hinter sich zu lassen, können Sie mit Gottes Gegenwart erfüllt werden. Dann und nur dann können Sie erleben, daß die verheißene Kraft in Ihrem Leben Realität wird (Apg 1,8). Wenn die Gegenwart Gottes Sie umschließt, dann beginnt die Kraft in Sie hineinzuströmen.

In diesem Buch werde ich Ihnen etwas vom Sterben unseres Ichs mitteilen, was zunächst angsterregend und abschreckend klingt. Und ich werde Ihnen erzählen, wie ich das erstemal die Salbung erlebte und wie dieser Moment mein Leben revolutionierte. Als ich *Guten Morgen, Heiliger Geist!* schrieb, änderten sich die Dinge – radikal. Meine Beziehung zu Gottes Geist hat sich seit jenem Tag ständig mehr vertieft. Er ist Teil meines täglichen, stündlichen Lebens. Ich beginne nie einen Tag, ohne ihn einzuladen, zu kommen und mich zu befähigen, mit ihm durch den ganzen Tag zu gehen.

Es ist ebenfalls wichtig für Sie, zu verstehen, daß der Heilige Geist großes Interesse an jedem Aspekt Ihres Lebens hat. Er trennt die Dinge nicht zwischen weltlich und geistlich. Es gibt nichts Weltliches. Er will in alles einbezogen sein.

Im ersten Teil des Buches werde ich auf die Person eingehen, die wir den Heiligen Geist nennen. So viele wissen so wenig von ihm, dabei *ist er Gott.* Sie ignorieren ihn, reden nie mit ihm, bitten ihn nie, Tag für Tag und jede Minute Teil ihrer Existenz zu sein. Scheinbar bevorzugen sie es, zu betteln und zu bitten, und wenn keine Antwort erfolgt, sind sie wütend.

Wie falsch ist das! Die Bibel sagt: »Sucht die Nähe Gottes; dann wird er sich euch nähern« (Jak 4,8).

Es ist an der Zeit, entsprechend zu handeln. Es ist an der Zeit, einfach zu sagen: »Hier bin ich, Heiliger Geist. Komm. Geh mit mir. Hilf mir zu empfangen, was der Vater für mich hat. Hilf mir zu hören, was der Herr sagt.«

Wenn ich sage: »Komm, Heiliger Geist«, dann haben Chaos und Verwirrung des Lebens ein Ende. Dunkelheit wird hell. Mein leeres Herz wird erfüllt, und meine Ohren öffnen sich, um die Stimme des Vaters zu hören. Denn ohne die Gegenwart des Heiligen Geistes in und um Sie ist die Stimme Gottes nicht zu hören.

Sie mögen fragen: »Wenn der Heilige Geist Gott ist und alles weiß, warum hilft er uns dann nicht einfach und gibt uns, was wir brauchen?«

Die Antwort ist: Er ist ein Gentleman und würde sich nie in unser Leben drängen. Aber in dem Moment, in dem Sie sagen: »Heiliger Geist, hilf mir zu empfangen, worum ich bitte«, kommt er und hilft Ihnen, durch Jesus zu empfangen, worum Sie den Vater gebeten haben. Sehen Sie, er will Gemeinschaft mit Ihnen. Er sucht eine ständige Beziehung von einem Augenblick zum anderen. Eine Beziehung, in der Sie tatsächlich in der Gesinnung Christi leben können (vgl. 1 Kor 2,16).

Wenn der Heilige Geist in Ihrem Leben real wirkt, dann bereitet er einen Weg, durch den die Salbung in der ganzen Kraft fließen kann.

Erinnern Sie sich, als Petrus, Jakobus und Johannes mit Jesus auf dem Berg der Verklärung waren (Mt 17,1 ff.)? Eine Wolke senkte sich auf sie herab. Was ist diese Wolke? Es ist der Heilige Geist. Wenn Sie im Alten Testament von der Wolke lesen, die sich auf das Tabernakel senkte (Ex 40,34), dann lesen Sie schon da vom Heiligen Geist.

Auch als Jesus nach seiner Auferstehung zum Himmel fuhr, nahm ihn eine Wolke auf (Apg 1,9). Auch dies war der Heilige Geist. Und entsprechend wird Jesus bei seiner Wiederkehr auf dieser Wolke kommen (Apg 1,11).

Wenn der Herr bei diesen Begebenheiten sprach – wo war die Stimme? Sie war in der Wolke. Der Heilige Geist ist derjenige, der die Stimme Gottes mit Klarheit in Ihr Herz bringt.

Wenn Sie noch nicht erfahren haben, wie diese Dinge auf Ihrem täglichen Weg Realität werden können, dann müssen Sie verstehen, was die Gegenwart Gottes und die Salbung sind. Ich will Gott nicht einschränken in dem, wie er ist und was er in Ihrem Leben tun will, aber ich weiß, daß, wenn Sie die Gegenwart des Geistes empfangen, sieben wunderbare Dinge in Ihrem Leben geschehen werden, die Paulus im Römerbrief Kapitel 8, beschreibt.

- Sie werden von Sünde befreit. Wie so viele andere haben Sie vielleicht in einem Bereich Ihres Lebens lange gegen eine Sünde gekämpft und es nicht geschafft, sie zu überwinden. Die Bibel sagt, daß Sie erst vom Gesetz der Sünde befreit sind, wenn Sie dem Geist folgen.
- Gerechtigkeit wird auf natürliche Weise Ihr Leben zu prägen beginnen, wenn Sie lernen, dem Geist Gottes »hinterherzulaufen«. Sie werden Gerechtigkeit nicht in Ihr Leben hineinzwängen müssen. Ihr Kämpfen um Gerechtigkeit wird einem ständigen, leichten Fließen von Gerechtigkeit weichen.
- Ihre Mentalität wird sich ändern. Sie werden davon befreit, Ihre Gedanken »auf Dinge des Fleisches« zu richten und statt dessen frei, sie »auf die Dinge des Geistes« zu konzentrieren.
- Sie werden vollkommenen Frieden erleben. Denn Paulus sagt: »Geistlich gesinnt sein ist Friede.«
- Sie werden von Kopf bis Fuß geheilt werden. Denn der, »der Christus Jesus von den Toten auferweckt hat, wird auch euren

sterblichen Leib lebendig machen«, und das braucht der größte Teil des Leibes Christi ganz dringend.

- Sie werden Ihrem Ich völlig sterben und die Fülle des Lebens Gottes empfangen. Denn Paulus sagt: »Wenn ihr duch den Geist die (sündigen) Taten des Leibes tötet, werdet ihr leben.«
- Sie werden zu einer tiefen Vertrautheit mit dem Vater gelangen, wenn Sie durch den Geist zu ihm aufsehen und sagen: »Abba, Vater – Papa.«

Und dazu kommt noch, daß Sie die Kraft empfangen, dem Allmächtigen zu dienen. Dessen bin ich mir sicher. Ich habe das bei so vielen Menschen auf meinen Reisen durch das ganze Land erlebt, bei jenen, die Hunger danach haben – und die bereit sind, den Preis zu bezahlen.

Ich freue mich sehr, Ihnen diese Erfahrungen und Einsichten mitteilen zu können. Denn ich weiß, daß die Gegenwart des Heiligen Geistes und seine Salbung – wenn sie sich unter Millionen Menschen in Gottes Volk multipliziert – der Weg ist, wie Gott die notleidende Welt in unserer Zeit erreichen will. Ich bete, daß auch Sie darüber so begeistert werden, wie ich es bin.

Kapitel 3

Am Anfang

An jenem Dezemberabend 1973 saß ich auf dem Fußboden meines Schlafzimmers und rang mit den Worten, die ich einige Stunden zuvor gehört hatte. Geheimnisvolle Worte. Starke Worte. Warum hatte ich sie bis dahin nie gehört?

Ich hätte eigentlich müde sein sollen, denn es war nach elf Uhr abends, und ich war bereits vor der Dämmerung aufgestanden. Aber meine Gedanken wollten nicht zur Ruhe kommen über dem, was an jenem Tag geschehen war und was mein Leben völlig aufgerüttelt hatte.

Ein Freund hatte mich mit zur Veranstaltung einer Evangelistin in Pittsburgh genommen, die ich bisher kaum kannte. Ihr Name war Kathryn Kuhlman. Ich sah, hörte und erlebte Dinge in Pittsburgh, die meinen Lebensweg für immer veränderten.

Ich war seit ein oder zwei Jahren Christ und hatte vor kurzem durch einige Schulfreunde die charismatische Bewegung kennengelernt. Ich wußte fast gar nichts über das geisterfüllte Leben. Ich war dabei zu verhungern; ich war verzweifelt. Aber ich fand nur wenig, um meine Seele zu nähren. Und nun dies. Was hatte sie an diesem Tag gemeint?

Wieder dachte ich über die Veranstaltung nach. Das Thema der Botschaft von Kathryn Kuhlman war »Die geheime Kraft des Heiligen Geistes«. Ich erinnerte mich an meinen ersten Eindruck, den ich von dieser ungewöhnlichen Frau hatte, wie sie fast über die Bühne tanzte und schwebte, als wäre sie an irgendeine unsichtbare Stromquelle angeschlossen. Ich erinnerte mich auch an das mir fast peinliche Zittern und Schwanken, das zwei Stunden vor und auch noch eine Stunde während der Veranstaltung über mich gekommen war. Danach wurde ich in einen so überwältigenden Lobpreis hineingezogen, wie ich es noch nicht erlebt hatte. In jenen

Stunden wußte ich ohne jeden Zweifel, daß Gott gegenwärtig war. Seine Gegenwart war für jedermann eindeutig wahrnehmbar.

Bis zu diesem Punkt war mein Gebetsleben typisch für einen durchschnittlichen und ernstlich bemühten Christen. In jenen Stunden in Pittsburgh jedoch sprach ich nicht nur zu Gott; er sprach auch zu mir. Er zeigte mir seine Liebe; er überzeugte mich von seiner Gnade und Freundlichkeit. Welch eine fantastische Gemeinschaft das war!

Ein wenig später schaute ich aus meiner tiefen Gebetsgemeinschaft auf und sah Frau Kuhlman weinen. Sie hatte ihr Gesicht in den Händen verborgen und schluchzte bitterlich, und binnen kurzem war alles still. Die Musik verebbte; die Ordner standen still. Dies ging so einige Minuten. Totenstille.

Dann warf sie plötzlich ihren Kopf zurück und ihre Augen blitzten feurig. Entbrannt! So etwas hatte ich noch nie gesehen. Ihr ganzes Wesen drückte Kühnheit und Entschlossenheit aus. Dann schnellte ihr schlanker Finger wie ein Pfeil nach vorn. Es schien, als schoß Kraft aus ihm heraus. Aber da war noch mehr – ja, Schmerz, Gefühl, alles schoß aus diesem knochigen Finger.

Sie seufzte noch einmal kurz auf, dann sprach sie, wobei das Wort »sprechen« nicht wirklich den tiefen Schmerz und die Inständigkeit wiedergeben kann, die in ihrer Stimme lagen.

»Bitte«, sagte sie inständig und gedehnt. »Bitte . . . bitte betrübt nicht den Heiligen Geist.« Sie sagte es noch einmal: »Bitte, betrübt nicht den Heiligen Geist.«

Keiner rührte sich. Und ich ganz bestimmt nicht, obwohl ich spürte, daß ihr Finger direkt auf mich gerichtet war, und das machte mich nervös. Ich bin sicher, daß sich andere ähnlich fühlten.

Dann fuhr sie mit einem kurzen Schluchzen fort: »Versteht ihr?« Die Worte hingen in der Luft. »Er ist alles, was ich habe!«

Ich wußte nicht, wovon sie sprach, aber ich sog jedes ihrer Worte auf.

Sie war noch nicht fertig: »Bitte! Verletzt ihn nicht. Er ist alles, was ich habe. Verletzt nicht den, den ich liebe!«

Einige Momente später streckte sie wieder ihren schmalen Finger aus – ich weiß, daß er wieder genau auf mich gerichtet war – und sagte:»Er ist realer als alles andere in dieser Welt! Er ist realer als ihr!«

Ich beschreibe diese Szene hier noch einmal für Sie, um einen der wichtigsten Punkte zu verdeutlichen, den wir als Christen verstehen müssen, besonders wenn wir dabei sind, uns auf die Gegenwart und die Salbung des Heiligen Geistes zuzubewegen. Kathryn Kuhlman sprach von einer Person, einer Person, die realer ist als Sie oder ich – eine Person, nicht ein»es«, nicht ein Nebel, nicht eine Kraft, nicht irgendeine spukhafte, unheimliche, schwebende Substanz, die von Orgelpfeifen und Harfenklängen begleitet wird. Der Heilige Geist ist eine Person mit einer Persönlichkeit, einem Wesen. Und er ist Gott – ein gleichberechtigtes Mitglied des dreieinigen Gottes, er beinhaltet das ganze Wesen der Gottheit, des einen ungeteilten Gottes, der schafft, erlöst und bevollmächtigt. Diese Wahrheit dürfen Sie nie vergessen.

Alles, was ich an diesem Dezemberabend in Toronto wußte, war, daß ich das wollte, was Kathryn Kuhlman hatte. Was immer sie meinte, als sie sagte:»Er ist alles, was ich habe« – das war es, was ich wollte.

Und schon war er da

Irgendwann in jener Nacht also fühlte ich mich gedrängt zu beten, so als ob jemand mich auf meine Knie zerren würde. Und die ersten Worte, die aus meinem Mund kamen, lauteten:»Heiliger Geist.« Das hatte ich nie zuvor getan. Es ist schwierig, sich das jetzt vorzustellen, aber Sie müssen sich daran erinnern, daß ich nie auch nur daran gedacht hatte, daß der Heilige Geist eine Person war, die man ansprechen konnte. Ich hatte bisher nur zum Vater und zu Jesus gesprochen.

Ich bot meinen ganzen Mut auf und sagte:»Heiliger Geist, Kathryn sagt, du seist ihr Freund. Ich glaube nicht, daß ich dich kenne. Vor dem heutigen Tag dachte ich, ich würde dich kennen. Aber nach dieser Veranstaltung merke ich, daß das nicht stimmt. Ich glaube nicht, daß ich dich kenne. Kann ich dir begegnen? Kann ich dir wirklich begegnen?«

Nichts schien zu passieren. Aber als ich dann begann, mich selbst in Frage zu stellen und zu zweifeln, während ich mit geschlossenen Augen kniete, schoß so etwas wie elektrischer Strom durch mich, und ich begann am ganzen Körper zu zittern, genau wie in Pittsburgh. Der einzige Unterschied war, daß ich gerade im Schlafanzug auf dem Fußboden meines Schlafzimmers in meinem Elternhaus in Toronto saß. Und es war mitten in der Nacht. Aber ich erbebte von der Kraft des Geistes Gottes. Er war in meinem Zimmer gegenwärtig! Mein Leben sollte nie mehr dasselbe sein.

Und genausowenig wird Ihr Leben dasselbe sein, wenn Sie nach dem handeln, was ich Ihnen hier sage.

Eine Jahreslektion

Meine Begegnung mit dem Heiligen Geist war so real, daß ich am folgenden Morgen, als ich aufwachte, etwas tat, was mir die natürlichste Sache der Welt erschien. Ich sagte: »Guten Morgen, Heiliger Geist!« und ich sage das immer noch jeden Morgen. Er ist gegenwärtig und sehnt sich danach, an unserem Leben teilzunehmen, vom ersten wachen Moment eines jeden Tages an.

An jenem ersten Morgen war die herrliche Atmosphäre der vorangegangenen Nacht zweifellos zurückgekehrt, aber ich zitterte nicht mehr. Ich war einfach in seine Gegenwart eingehüllt.

Damit begann ein Jahr intensiver Erfahrungen mit der Gegenwart des Heiligen Geistes, ein Jahr der Gemeinschaft, des geistgeführten Bibelstudiums, des Hörens auf den, der in Gottes Wort als Lehrer, Ratgeber und Tröster beschrieben wird.

Ich berichtete in meinem letzten Buch von den Problemen, die ich nach meiner Bekehrung zu Jesus mit meiner Familie bekam. Ich stamme aus einer griechischen Familie, die in Israel wohnte.

Mein Vater war Bürgermeister in Jaffa, und meine Schulzeit verbrachte ich in römisch-katholischen Institutionen. Ich wurde von meiner Familie ernstlich geächtet, nachdem ich mich öffentlich zu Jesus Christus bekannt hatte. Es wurde so schlimm, daß mein Vater nicht mehr mit mir sprach, und andere Verwandte verhöhnten oder ignorierten mich.

Das Ganze wurde noch verschlimmert durch mein Stottern. So kam es, daß ich viele Stunden allein in meinem Zimmer verbrachte. Aber nach meiner Begegnung mit dem Heiligen Geist war das nur gut, denn so hatte ich Gelegenheit, mich an dem unermeßlichen Reichtum seiner Gegenwart zu freuen.

Es dauerte nicht lange, bis ich ähnlich wie Frau Kuhlman die Gegenwart des Geistes über alles andere im Leben schätzte. Ich spreche hier von etwas, das über die Taufe im Heiligen Geist, das Reden in Sprachen und andere Aspekte eines normalen charismatischen Christenlebens, wie ich es kannte, hinausgeht. Ja, ich betete in Sprachen, und ich ging treu zu einer charismatischen Gemeinde. Aber diese Erfahrung beinhaltete noch viel mehr als dies.

Der Heilige Geist wurde real für mich. Er wurde mein Begleiter und Freund. Wenn ich meine Bibel aufschlug, wußte ich, daß er da war, als würde er neben mir sitzen. Geduldig lehrte und liebte er mich. Ich sah natürlich sein Gesicht nicht, aber ich wußte, wo er war. Und ich begann, seiner Persönlichkeit zu folgen.

Jesus hatte gesagt, daß er seine Nachfolger – Sie und mich – nicht hilflos zurücklassen würde, sondern daß er den senden würde, der mit uns gehen und uns führen sollte. Und nun wußte ich aus erster Hand, daß er sein Versprechen gehalten hatte.

Das Ziel ist klar

Es ist wichtig, daß ich hier eine Episode aus *Guten Morgen, Heiliger Geist!* wiederhole, um diese bedeutsamen Erfahrungen in den richtigen Blickpunkt zu setzen und um zu zeigen, daß unser Christenleben nicht nur ein »Segne mich, gib mir«-Club ist.

Nachdem ich Gott oft gefragt hatte, warum er mich die Realität seiner Gegenwart erleben ließ, hatte ich eine angsteinflößende Vision. Ich sah, wie jemand vor mir stand, umgeben von Flammen, und unkontrollierbare Bewegungen machte. Seine Füße berührten den Boden nicht. Sein Mund öffnete und schloß sich, wie es mit »Zähneknirschen« in der Bibel beschrieben ist.

In diesem Moment sagte Gott mit hörbarer Stimme: »Predige das Evangelium.«

Ich antwortete: »Aber Herr, ich kann nicht sprechen.«

Zwei Nächte darauf hatte ich einen Traum. Ich sah einen Engel mit einer Kette in der Hand; sie hing an einer Tür, die den ganzen Himmel auszufüllen schien. Er zog sie auf, und dahinter waren Menschen, so weit man sehen konnte. Sie alle bewegten sich auf ein großes, tiefes Tal zu, und in dem Tal loderte Feuer. Tausende fielen ins Feuer. Diejenigen in der vordersten Reihe versuchten, sich zu wehren, aber die drängende Menschenmenge stürzte sie in die Flammen.

Wieder sprach der Herr zu mir: »Wenn du nicht predigst, werde ich dich dafür verantwortlich machen.«

Ich wußte sofort, daß alles in meinem Leben, einschließlich meiner unglaublichen Erfahrung der letzten Monate, nur ein Ziel hatte: mich dazu zu bringen, das Evangelium zu predigen.

Ein aufsehenerregender Wandel

Anfang Dezember 1974 besuchte ich Stan und Shirley Phillips in Oshawa, das etwa dreißig Meilen östlich von Toronto liegt, und immer noch hatte ich der Vision, ich solle predigen, nicht gehorcht. Ich hatte außerdem keinem etwas von meinen Erfahrungen, Visionen und Träumen mitgeteilt. Aber das sollte sich ändern.

»Darf ich euch etwas erzählen?« fragte ich. Beide nickten erwartungsvoll, und so schüttete ich ihnen mein Herz aus, zumindest soweit mein Stottern dies zuließ. Sie waren sehr geduldig und hörten mir etwa drei Stunden lang zu.

Schließlich unterbrach mich Stan und sagte begeistert: »Benny, du mußt heute abend mit in unsere Gemeinde kommen und das alles erzählen.«

Stan und Shirley gehörten zu einer Gruppe mit etwa hundert Personen, die sich »Shiloh« nannte und Teil der Trinity Assembly of God-Kirche in Oshawa war. Also ging ich mit ihnen – lange Haare, legere Kleidung, stotternd. Ich wußte nicht, was geschehen würde. Ich wußte, ich sollte predigen, aber ich hatte mir mit der Zeit überlegt, daß mein Predigen vielleicht durch Traktate stattfinden würde.

Immer noch war mir nicht klar, was geschehen sollte, als ich zu Beginn des Gottesdienstes in der Bank saß. Ich wurde sehr nervös und ängstlich. Ich würde mich zum Narren machen, und jeder würde mich auslachen. Davon hatte ich wirklich schon genug.

Stan, der Wissenschaftler an einem Kernkraftwerk in der Gegend war, hatte mich vorgestellt, und ich war auf dem Weg zum Rednerpult. Noch nie hatte ich hinter einem Rednerpult gestanden.

Stan hatte gesagt: »Erzähle von deinen Erfahrungen«, und das wollte ich tun. Ich öffnete meinen Mund, voller Angst, als etwas meine Zunge berührte und sie ganz taub wurde. Ich sprach, fließend und schnell, übrigens zu schnell; ich mußte mich selbst dazu anhalten, langsamer zu reden.

Ich war dabei, das Evangelium zu predigen! Es schien unmöglich, aber ich sprach klar und fließend. Und ich habe seitdem nicht aufgehört zu predigen.

Ich erzählte ihnen – es waren hauptsächlich junge Leute – von meiner Begegnung mit dem Heiligen Geist in meinem Zimmer, wie ich ein Jahr lang mit ihm sprach, ihm Fragen stellte und ihm zuhörte.

»Wie begegnet man dem Heiligen Geist?« fragte ich rhetorisch. »Beim Beten, sei es auf den Knien, auf dem Rücken liegend oder beim Herumlaufen im Zimmer. Man begegnet ihm nicht einfach, indem man ein Lied singt.«

Ich ging noch weiter: »Es gibt nur einen Weg zum Vater, zum Sohn und zum Heiligen Geist: durch Gebet.«

Ich sprach so ungefähr eine Stunde lang, bis ich merkte, daß es Zeit war, zum Ende zu kommen. Aber ich wollte ihnen noch von Mose erzählen, denn der Heilige Geist hatte mir über ihn eine Einsicht geschenkt, die mich noch heute verwundert. Und plötzlich wurde ich sehr mutig.

»Mose bat Gott um etwas – und keiner kann diese Bitte aussprechen, solange er nicht im Allerheiligsten ist«, sagte ich. »Es dauerte eine Weile, vierzig Tage, bevor er Gott darum bitten konnte. Erinnert euch, Gott hatte ihn angerührt, Gemeinschaft war entstanden, Anbetung, Schönheit, Ekstase, die Gegenwart des Allmächtigen, Mut war gewachsen. Dann konnte er sprechen: ›Laß mich deine Herrlichkeit sehen.‹

Er hatte den Preis bezahlt; er sagte, ›Herr, ich war nun vierzig Tage mit dir hier oben. Von meinem Fleisch ist nichts mehr übrig. Laß mich deine Herrlichkeit sehen.‹ Und Gott ging an ihm vorüber. Und obwohl er nur seinen Rücken sah, sah er die Herrlichkeit, das Wunder Gottes.«

Ich ließ noch nicht locker. »Wollt ihr Gottes Gegenwart?« fragte ich. »Dann verliert euch selbst. Ihr werdet den Blick für euch selbst verlieren, und ihr werdet den Blick für Gott gewinnen.«

Ich kam zum Ende und dachte: »Ich will noch beten.« In meinem Zimmer hatte ich immer gewankt oder war hingefallen, wenn ich den Heiligen Geist einlud, oder zumindest suchte ich nach einem sicheren Platz, wo ich stehen oder knien konnte, ich lehnte mich sogar mit dem Rücken gegen die Wand. Aber in dieser öffentlichen Veranstaltung erwartete ich in keinster Weise, daß etwas Ähnliches geschehen würde.

Also erhob ich meine Hände und sagte: »Heiliger Geist, du bist hier willkommen. Bitte komm.«

Sofort erfaßte die Kraft Gottes den Raum. Menschen begannen zu weinen, viele stürzten zu Boden.

»O, lieber Gott, was mache ich jetzt?« fragte ich.

Ich wandte mich zu dem Mann hin, der die Leitung des Gottesdienstes hatte, in der Hoffnung, er würde die Dinge wieder in die Hand nehmen. Aber als ich mich umdrehte und auf ihn zeigte, fiel er mehr als einen Meter nach hinten. Ich bat ihn, näher zu kommen, aber plötzlich war er noch weiter weg. Keiner konnte sich mir nähern.

Und dann wurde mir klar, daß keiner mir während des vergangenen Jahres bei diesen Begegnungen hätte nahe kommen können.

Der Leiter startete mehrere Versuche, sich mir zu nähern, aber jedesmal wurde er an die Wand zurückgeworfen.

Schließlich ergriff ich das Wort. Viele der Menschen lagen weinend auf ihren Knien. Ich erzählte ihnen mehr von der Person des Heiligen Geistes. Dann schloß ich ohne ein weiteres Gebet.

In Jesaja 10,27 heißt es: »Das Joch wird zerbrochen durch die Salbung« (Übersetzung der King James-Version), und genau das geschah. Das Joch des Teufels auf unserem Leben wird zerstört, wenn die Salbung kommt. So war es mit mir und meiner Zunge, und so war es auch bei den Leuten in der Gemeinde.

Wie mir später völlig klar wurde, sind »religiöse« Formen, wie lautes Sprachengebet, Stöhnen und Bitten, keine notwendigen Voraussetzungen, daß Gottes Kraft offenbar werden kann. Öfter ist eher das Gegenteil der Fall, solche Formen sind eher ein Hindernis, weil sie »aus dem Fleisch« kommen können, und Gott echte Kraft offenbaren will. Unser größtes Verlangen sollte daher nicht den geistlichen Gaben gelten, sondern der Gegenwart und der Kraft Gottes. Gaben allein verändern nicht unbedingt Ihr Leben, aber die Gegenwart und Kraft Gottes werden es tun. Und davon bekam ich an jenem Abend in Oshawa zum ersten Mal einen Vorgeschmack.

Wie ich schon so oft über die Jahre sagte, ist Gott nie zu spät. Er ist nie zu früh, aber er ist auch nie zu spät. Als meine Zunge taub wurde, sagte ich einfach: »Das ist es!« und stürmte voran. Die Salbung des Heiligen Geistes war gekommen, ich war geheilt, und von mir ging eine kraftvolle Predigt aus.

Auf wunderbare Weise begann mein Dienst und vervielfältigte sich sofort. Fast jeden Tag kamen Einladungen von Gemeinden und Gemeinschaften, wo ich predigen sollte.

Es ist wichtig zu sehen, daß ich die Gegenwart des Heiligen Geistes ein Jahr zuvor erfahren hatte und daß er mich sorgfältig und liebevoll ein ganzes Jahr lang unterrichtet hatte. Ich hatte ihm so gut ich konnte gehorcht, und die Salbung war gekommen, genauso wie Sie zu Ihnen kommen will. Sie ist für jedermann da. Wenn Sie erst einmal begreifen, was die Salbung für Sie bereithält, wenn Sie die Tiefe und reiche Realität dieser besonderen Berührung Gottes erfahren, dann wird Ihr Leben einen neuen Sinn bekommen, und Sie werden in den Dienst gehen, den Gott für Sie vorbereitet hat.

Eine ernste Warnung

Ich werde nie vergessen, wie ich an jenem Abend von Oshawa nach Hause ging. Ich war sprachlos. Als ich eine Stunde später auf meinem Bett lag, war ich immer noch benommen und durcheinander von den Geschehnissen des Abends. Ich hatte die wahre Kraft Gottes gesehen. Ich hatte einen kleinen Eindruck, aber wirklich nur einen winzigen, flüchtigen, von Kathryn Kuhlmans Aussage gewonnen: »Wenn du die Kraft findest – wenn du die Kraft findest – wirst du den Schatz des Himmels finden.« Es war nur ein kleines Zeichen, und ich mußte unbedingt noch mehr davon verstehen. Ich war so unerfahren.

»Was hast du heute abend getan, Herr?« fragte ich in die Dunkelheit.

Unerwartet hörte ich eine schnelle Antwort: »Sei treu.« Das war alles. »Sei treu.«

Am nächsten Morgen schaltete ich kurz nach dem Aufwachen das Radio ein und hörte, wie es meine Gewohnheit war, einen Radiogottesdienst, während ich mich selbst zum Kirchgang fertigmachte. Das erste, was ich hörte – und ich habe keine Ahnung, welcher Redner sprach – war: »Achte darauf, was du mit der Kraft tust, die du hast.« Dann verschwamm die Frequenz. Ich kann es nicht erklären. Ich hatte das Radio angemacht, eine Stimme hatte gesagt: »Paß auf, was du mit der Kraft tust, die du hast«, und die Stimme war verschwunden. Ich konnte den Sender nicht wiederfinden.

Natürlich war mir klar, daß die Worte des letzten Abends, »Sei treu«, und die ernste Warnung im Radio am folgenden Morgen zusammengehörten. Auf einen Punkt gebracht: »Geh sorgfältig mit der Kraft um, die ich dir gegeben habe. Spiel keine Spielchen. Und mißbrauche sie nicht.«

Diese Warnung möchte ich allen als Hinweis geben, die die Salbung des Geistes suchen und empfangen. Gott muß Ihnen vertrauen können.

Er sehnt sich danach, daß wir seine Gegenwart und Salbung kennen und erfahren. Wenn wir unser Ich abgelegt haben, leer sind, werden wir seine Gegenwart erleben. Nur dann können wir seine Kraft erfahren – die Salbung des Heiligen Geistes. Aber der Vertrauensfaktor ist ebenfalls sehr wichtig. Wir müssen treu mit dem umgehen, was Gott uns so reichlich schenkt.

Kapitel 4

Endlich eine Antwort

Wenn ich auf mein Leben zurückblicke und sehe, in wie vielen Bereichen es hätte anders verlaufen können, dann staune ich nur über Gottes Gnade und Güte.

Denken Sie einmal darüber nach. Ich wurde in eine sehr traditionsbewußte Familie im Mittleren Osten hineingeboren, die große Betonung auf Disziplin und Tradition legte und keine Beziehung zu einem persönlichen Gott hatte. Ich wuchs als Grieche in Israel auf und wurde an römisch-katholischen Schulen von Nonnen erzogen. Seit früher Kindheit litt ich unter einem schweren Stottern, was meine mündliche Kommunikation unglaublich schwer, ja fast unmöglich machte.

Mit fünfzehn wurde ich regelrecht entwurzelt, als meine Familie nach Toronto auswanderte. Ich war gezwungen, eine vierte Sprache, Englisch, zu lernen, nach Arabisch, Hebräisch und Französisch, das ich zuvor in der Klosterschule gesprochen hatte. Ich kam aus den behüteten Mauern einer katholischen Schule in die öffentlichen Schulen von Toronto. Ich war ein Einzelgänger – still, schüchtern und unsicher.

Richtlinien und Traditionen

Als ich neunzehn war, lernte ich den Herrn auf wunderbare Weise durch einige Mitschüler kennen. Dabei hatte ich schon vorher herrliche Begegnungen mit Gott erlebt, in Träumen und Visionen.

Vor meiner Bekehrung hatte ich mich bemüht, mich allen Richtlinien und Anweisungen derer anzupassen, die Autorität über mich hatten. Ich hatte alle Traditionen, die zu meiner katholischen Erziehung gehörten, befolgt und versuchte aufrichtig denen zu gehorchen, die ich als Gottes Vertreter in meinem Leben ansah. Ich war ein guter Schüler und tat, was mich die Schwestern der Schule lehrten (das Kreuzzeichen machen, wenn ich an einer katholischen Kirche vorbeikam, regelmäßige Gebetszeiten und so weiter). Ich bin sicher, daß ich mich selbst für einen Christen hielt, aber ich fühlte mich nicht völlig erfüllt und spürte, daß mir etwas fehlte.

Unmittelbar nach meiner Bekehrungserfahrung begann ich, eine Gemeinde mit dreitausend jungen Mitgliedern im Zentrum von Toronto zu besuchen. Ich war diese Art Veranstaltungen nicht gewöhnt, mit den spontanen, unvorhersagbaren Reaktionen der Teilnehmer in verschiedenen Lautstärken. Ich war mehr auf zurückhaltende, überlegte und vorhersagbare Aktivitäten eingestellt.

Diese Leute waren von einer anderen Art. Sie umarmten sich, und ihre Gesichter strahlten Freude aus. Natürlich wußte ich damals nichts über die charismatische Bewegung. Ich wußte nur, daß ich mich in einer ungewohnten Umgebung befand.

Aufgrund meiner falschen Einschätzung von dem, was ich für geistlich hielt, kam meine stärkste Reaktion erst einige Zeit, nachdem ich die Taufe im Heiligen Geist empfangen hatte. Ich bemerkte, wie ich einen Mann besonders beobachtete, den ich für die »geistlichste« Person in der Gemeinde gehalten hatte. Ich beobachtete, wie er die Arme hob; er hatte sie fast immer erhoben. Sein Körper schwankte ein wenig. Seine Lippen zitterten, sein Blick war zum Himmel gerichtet. Und wenn er in dieser unbekannten Sprache betete, dann sagte er immer dasselbe, so als wiederholte er etwas wieder und wieder. Jedesmal, wenn ich ihn beten hörte, war es dasselbe. Er schwankte, und er sagte immer das gleiche.

Naiv und hungrig nach dem Handeln Gottes ging ich eines Tages zu ihm und fragte, ob ich mit ihm reden könne. Er schien sehr freundlich.

»Ich habe Hunger nach mehr«, sagte ich. »Wie kann ich das finden, wonach ich suche?«

Er sah mich an und fragte: »Bist du im Heiligen Geist getauft?«

»Ja«, sagte ich eifrig und erwartete weitere Tips.

»Sprichst du in Sprachen?« fragte er.

»Ja«, antwortete ich.

Da blickte er mich wieder an und sagte nur:»Was willst du dann mehr?«

Ich war sprachlos und ging nach einem Anstandsmoment still weg. *Was will ich mehr?* dachte ich. *Wenn das alles ist, dann bin ich mir nicht sicher, ob das Ganze überhaupt viel zu bedeuten hat.* Ich wollte unbedingt mehr von Gott, und in meiner Seele war ich sicher, daß es mehr gab. Die Seiten der Bibel sagten es, aber ich wußte nicht, was ich tun sollte. Ich wußte nicht, was Gott mir anbot oder wie ich es bekommen konnte. Keiner schien mir helfen zu können.

Ich wechselte 1973 die Gemeinde und traf einen anderen Mann, Jim Poynter, einen freien Methodistenprediger, der mir ein guter Freund wurde und mich eines Tages mit erwähntem Dienst von Kathryn Kuhlman bekannt machte. Dies setzte die Geschehnisse in Bewegung, die ich in den vorausgegangenen Kapiteln beschrieb. Andernfalls hätte ich nichts von der wunderbaren Gegenwart Gottes und von der Salbung des Heiligen Geistes gelernt, und dabei stehen beide für jeden Gläubigen zur Verfügung.

Der Herr will uns so viel mehr geben, als wir uns jemals vorstellen könnten. Ich möchte Ihnen noch mehr mitteilen, auf welche Weise Gott mich geführt und gelehrt hat seit jenem wundersamen Tag, als er meine Zunge löste und mich für den Dienst zu bevollmächtigen begann. Diese wunderbaren Möglichkeiten stehen auch Ihnen zur Verfügung, und ich bete, daß Gott Sie inspirieren und vorwärtsführen wird, damit wir gemeinsam seinen Plan in der ungewöhnlichen Zeit, in der wir leben, erfüllen können.

Wie alles begann

Bevor ich Ihnen erzähle, wie Gott mich für meinen Dienst gelehrt und bevollmächtigt hat, möchte ich Sie mit zurücknehmen zu jenem herrlichen Tag in Pittsburgh, als ich während der Veranstaltung mit Kathryn Kuhlman dem Heiligen Geist begegnete.

Jener Tag, der 21. Dezember 1973, begann bereits um fünf Uhr morgens, nachdem mein neuer Freund Jim Poynter und ich mit einer großen Gruppe im Bus durch einen sehr heftigen Schneesturm von Toronto nach Pittsburgh gefahren waren. Nur für vier Stunden waren wir todmüde in unsere Betten im Hotel gefallen.

Jim bestand darauf, daß wir bereits um sechs Uhr früh an der presbyterianischen Kirche im Zentrum von Pittsburgh waren, sonst hätten wir keinen Sitzplatz bekommen. Also war es noch stockdunkel, als wir dort ankamen. Aber sogar so früh waren schon Hunderte von Menschen da, dabei sollten die Türen nicht vor acht Uhr geöffnet werden. Es war eiskalt, und ich hatte alles angezogen, was ich mitgebracht hatte – Stiefel, Handschuhe, Mantel.

Manchmal hat es Vorteile, wenn man klein ist. Ich begann, mich zentimeterweise immer näher an die Tür zu bewegen, wobei ich Jim hinter mir herzog. Ich konnte nicht fassen, daß schon solche Menschenmassen da waren. »So ist das jede Woche«, sagte eine Frau.

Als ich so dastand, begann ich plötzlich zu zittern – so als hätte mich jemand gepackt und zu schütteln begonnen.

Einen Moment lang dachte ich, die Kälte sei daran schuld. Aber ich war warm angezogen, und ich fror überhaupt nicht. Dieses unkontrollierbare Zittern kam einfach über mich. So etwas hatte ich noch nie erlebt. Und es hörte nicht auf. Ich war zu verlegen, als daß ich es Jim hätte erzählen können, aber ich spürte, wie alle meine Knochen klapperten. Ich spürte es in meinen Knien. In meinem Mund. *Was geschieht mit mir?* fragte ich mich. *Ist das die Kraft Gottes?* Ich verstand überhaupt nichts.

Im Wettlauf durch die Kirche

Dann war es soweit, die Türen wurden geöffnet, und die Massen drängten sich zur Tür, so daß ich mich kaum noch rühren konnte. Immer noch wollte dieses Vibrieren nicht aufhören.

Jim sagte: »Benny, wenn die Türen aufgehen, dann lauf einfach so schnell du kannst.«

»Warum?« fragte ich.

»Weil du sonst von den anderen überrannt wirst.« Er war schon einmal dabeigewesen und wußte, was zu erwarten war.

Nun, ich hätte es mir nie träumen lassen, daß ich jemals mit anderen um die Wette in eine Kirche rennen würde, aber genau das tat ich. Als sich die Türen öffneten, sprintete ich los wie ein Läufer bei der Olympiade. Ich überholte alle: alte Frauen, junge Männer, einfach alle. Ich schaffte es sogar bis zur ersten Reihe und wollte mich hinsetzen. Ein Ordner sagte mir, daß die erste Reihe reserviert sei. Später erfuhr ich, daß Frau Kuhlmans Assistenten die Menschen auswählten, die in der ersten Reihe sitzen sollten. Sie war dem Heiligen Geist gegenüber so sensibel, daß sie nur erwartungsvolle, betende Teilnehmer vorne haben wollte.

Da ich stark stotterte, wußte ich, daß es keinen Sinn haben würde, mit dem Ordner zu verhandeln. Die zweite Reihe war bereits voll, aber in Reihe drei fanden Jim und ich einen Platz.

Es war noch eine Stunde Zeit, bis der Gottesdienst begann. Also zog ich meinen Mantel, meine Handschuhe und meine Stiefel aus. Während ich mich so ein wenig entspannte, bemerkte ich, daß das Zittern noch stärker war als zuvor. Es hörte einfach nicht auf. Es durchlief meine Arme und Beine, als stünden sie unter Strom. Diese Erfahrung war sehr fremdartig für mich. Um ehrlich zu sein, ich hatte wirklich Angst.

Die Orgel begann zu spielen, aber alles, worüber ich nachdenken konnte, war dieses Zittern. Ich fühlte mich nicht schlecht. Es fühlte sich nicht an, als würde ich mich erkälten oder hätte einen Virus eingefangen. Es wurde sogar immer angenehmer, je länger es andauerte. Es war ein ungewöhnliches Empfinden, das gar nicht körperlich zu sein schien.

In diesem Augenblick, fast wie aus dem Nichts, erschien Kathryn Kuhlman. Sofort war die Atmosphäre in dem Gebäude wie aufgeladen. Ich wußte nicht, was ich zu erwarten hatte. Ich spürte nichts um mich herum. Keine Stimmen. Kein Gesang von Engeln. Nichts. Alles, was ich wußte, war, daß ich nun seit drei Stunden zitterte.

Als wir zu singen begannen, bemerkte ich, daß ich etwas tat, was ich nie erwartet hatte. Ich stand. Meine Hände waren erhoben, und Tränen strömten meine Wangen herunter, während wir sangen »Wie groß bist du«.

Es war, als wäre ich explodiert. Nie zuvor waren mir die Tränen so schnell aus den Augen geschossen. Da rede einer von Ekstase! Es war ein Gefühl intensiver Herrlichkeit.

Ich sang auch nicht, wie ich es normalerweise in der Kirche tat. Ich sang mit meinem ganzen Wesen.

Und als wir zu den Worten kamen: »Nun singt meine Seele aus ganzem Herzen, mein Heiland Gott, zu dir«, sang ich es wirklich von ganzem Herzen.

Ich war so verloren im Geist dieses Liedes, daß es einige Zeit dauerte, bis ich merkte, daß das Zittern vollständig aufgehört hatte.

Aber die Atmosphäre dieses Gottesdienstes hielt an. Es war, als sei ich völlig in Verzückung geraten. Ich befand mich auf eine Weise in der Anbetung, wie ich es nie zuvor erlebt hatte. Als stünde ich der geistlichen Wahrheit von Angesicht zu Angesicht gegenüber. Egal was die anderen empfanden, ich spürte es so.

Während meines kurzen Daseins als Christ hatte Gott mein Leben angerührt, aber nie hatte er es so getan wie an diesem Tag.

Wie eine Woge

Als ich so dastand und Gott anbetete, öffnete ich meine Augen und sah mich um, denn ich hatte plötzlich einen Windzug gespürt und wußte nicht, woher er kam. Er war sanft und langsam, wie eine leichte Brise.

Ich blickte auf die Buntglasfenster. Aber sie waren alle verschlossen. Außerdem waren sie viel zu weit oben, als daß von dort dieser Windzug hätte kommen können.

Diese ungewöhnliche Brise, die ich spürte, schien mehr wie eine Welle. Ich fühlte sie, und ich spürte förmlich, wie sie sich bewegte.

Was geschah hier? Würde ich je den Mut haben, jemandem zu erzählen, was ich da erlebte? Die anderen würden denken, ich hätte meinen Verstand verloren.

Etwa zehn Minuten lang wuschen die Wogen dieses Windes über mich hinweg.

Dann fühlte ich mich, als hätte mich jemand in eine reine, warme Decke gehüllt.

Kathryn begann mit den Menschen zu beten, aber ich war so verloren im Geist, daß das völlig unwichtig war. Gott war mir näher, als ich es je erlebt hatte.

Ich hatte das Bedürfnis, mit Gott zu sprechen, aber alles, was ich flüstern konnte, war:»Lieber Jesus, bitte sei mir gnädig.« Ich sagte noch einmal:»Jesus, bitte sei mir gnädig.«

Ich fühlte mich so unwürdig. Ich fühlte mich wie Jesaja, als er in die Gegenwart Gottes trat.

»Weh mir, ich bin verloren.
Denn ich bin ein Mann mit unreinen Lippen
und lebe mitten in einem Volk mit unreinen Lippen,
und meine Augen haben den König,
den Herrn der Heere, gesehen« (Jes 6,5).

Dasselbe geschah, als die Menschen Christus sahen. In seiner Gegenwart erkannten sie sofort ihren eigenen Schmutz und ihr Bedürfnis nach Reinigung.

Und genau das geschah auch mit mir. Es war, als ob ein riesiger Scheinwerfer sein Licht auf mich richtete. Alles, was ich sehen konnte, waren nur meine Schwächen, meine Fehler und meine Sünden.

Wieder und wieder sagte ich:»Lieber Jesus, bitte sei mir gnädig.«

Dann hörte ich eine Stimme, und ich wußte, es mußte die Stimme Gottes sein. Sie war so unendlich sanft, aber sie war unverwechselbar. Er sagte zu mir: »Meine Gnade ist in Fülle über dir.«

Bis zu diesem Punkt war mein Gebetsleben wie das eines Durchschnittschristen gewesen. Aber nun sprach ich nicht mehr nur einfach mit Gott. Er sprach zu mir. Und die Gemeinschaft, die ich mit ihm erlebte, war unvergleichlich.

Ich hatte nicht die leiseste Ahnung, daß das, was ich da in der dritten Reihe der presbyterianischen Kirche in Pittsburgh erlebte, nur ein Vorgeschmack dessen war, was Gott für die Zukunft geplant hatte.

Die Worte klangen in meinen Ohren: »Meine Gnade ist in Fülle über dir.«

Weinend, schluchzend setzte ich mich. Es gab nichts in meinem Leben, was ich mit dem, was ich da spürte, vergleichen konnte. Ich war so erfüllt und verwandelt vom Geist, daß alles andere unwesentlich wurde.

Selbst wenn Pittsburgh von einer Atombombe getroffen und die ganze Welt in die Luft gegangen wäre.

In diesem Moment spürte ich, was die Bibel im Philipperbrief beschreibt: »Friede . . . der alles Verstehen übersteigt« (Phil 4,7).

Jim hatte mir von Wundern erzählt, die in diesen Veranstaltungen geschahen. Aber ich hatte keine Vorstellung von dem, was ich in den folgenden drei Stunden miterleben sollte. Menschen, die taub waren, konnten plötzlich hören.

Eine Frau stand aus ihrem Rollstuhl auf.

Es wurden Zeugnisse von Heilungen von Tumoren, Arthritis, Kopfschmerzen und anderem gegeben. Sogar die schärfsten Kritiker haben bestätigt, daß echte Heilungen in diesen Veranstaltungen geschehen sind.

Der Gottesdienst dauerte lang, aber mir erschien er wie ein flüchtiger Moment. Nie in meinem Leben war ich in solchem Maß von Gottes Macht angerührt worden.

Eine weitere Veranstaltung

Kurze Zeit nach dieser wundersamen Begegnung mit dem Heiligen Geist besuchte ich eine weitere Veranstaltung mit Kathryn Kuhlman. Sie sprach von dem Preis, den Gott von ihr forderte für die Salbung in ihrem Dienst und von dem Geheimnis der Kraft des Heiligen Geistes.

Sie sprach vom Tod des eigenen Ich, vom Tragen des Kreuzes, von dem Preis, der gefordert wird. Oft verwandte sie Worte wie: »Jeder von euch kann haben, was ich habe, wenn ihr nur bereit seid, den Preis zu bezahlen.«

In diesem Gottesdienst begann ich zu verstehen, daß es noch eine tiefergehende Erfahrung gibt, etwas, das über die reine Gegenwart des Heiligen Geistes hinausgeht.

Es gibt eine Salbung, eine Bevollmächtigung für den Dienst, und sie wird geschenkt, wenn man bereit ist, den geforderten Preis zu geben.

Verstehen, was dieser Preis ist

Was ist der Preis? Ich habe viele Jahre gebraucht, bis ich zu einem richtigen Verständnis darüber kam, und ich möchte es Ihnen mitteilen.

In Psalm 63 sagt David:

»Gott, du mein Gott, dich suche ich,
meine Seele dürstet nach dir.
Nach dir schmachtet mein Leib
wie dürres, lechzendes Land ohne Wasser.
Darum halte ich Ausschau nach dir im Heiligtum,
um deine Macht und Herrlichkeit zu sehen« (Ps 63,2–3).

Er hatte eine Spur von Gottes Macht und Herrlichkeit gesehen. David sehnte sich danach. Aber wie konnte er dorthin gelangen?

Hier begann der Heilige Geist meine Augen zu öffnen und half mir zu verstehen, was Kathryn Kuhlman meinte, als sie von dem Preis und vom Sterben sprach.

David erklärt, daß sein Leib nach Gott »schmachtet«, daß seine Seele »dürstet«. Jesaja sagt in Kapitel 26, Vers 9, daß er Gott mit seinem »Geist« suchen will. Wir haben also den Leib, der nach Gott schmachtet, die Seele, die nach ihm dürstet, und den Geist, der ihn sucht. Es ist bemerkenswert, was wir in Moses Berichten vom Tabernakel finden: den äußeren Hof, der symbolisch für den Leib ist; das Heiligtum, das für die Seele steht; und das Allerheiligste, das Symbol für den Geist ist. Die Sehnsucht führt in den äußeren Hof; der Durst führt ins Heiligtum; und das Suchen führt in das Allerheiligste.

Wenn wir uns also nach Gott sehnen, gehen wir ins Gebet. Das Gebet ist der Platz, wo Gott beginnt, an uns zu handeln und uns zu formen. Täglich gehen wir auf unsere Knie und damit an einen Ort des Kampfes. Alles, woran wir zuerst denken, ist *unsere* Schuld, *unser* Versagen, *unsere* großen Nöte. Wir wiederholen uns immer und immer wieder, und Gott scheint Lichtjahre entfernt. Und dann fragen wir uns, ob wir überhaupt irgend etwas richtig machen. Am liebsten würden wir in einen tiefen Schlaf fallen, Pause machen – irgend etwas.

Was uns nicht sofort klar wird, ist folgendes: Je länger wir im Gebet ausharren, desto mehr gewinnt der Geist die Kontrolle über unser Fleisch. Das Sterben unseres Ichs beginnt auf unseren Knien.

Bald, wenn Gott unser Fleisch vollständig gekreuzigt hat, erleben wir einen Durchbruch – Sie werden es spüren – und plötzlich wird unser Gebet real. Ein Strom fließt aus Ihrem innersten Wesen, und Ihre Worte gewinnen Bedeutung. Die Gegenwart Gottes hält Einzug, und etwas Wirkliches geschieht mit Ihnen. Vielleicht beginnen Sie sogar zu weinen.

Bis zu diesem Durchbruch kann eine halbe Stunde, eine Stunde oder noch längere Zeit vergehen. Es wird so lange dauern, wie es nötig ist, je nachdem, wo Sie mit Gott gerade stehen, wie Ihre

Beziehung zu ihm gerade aussieht. Er muß mit den falschen Idolen und mit den Sünden in Ihrem Herzen ins Gericht gehen. Jeder Isaak in Ihrem Herzen muß sterben (das ist dasselbe, was Gott mit Abraham zu tun beschloß). Wenn Sie schon lange Zeit nicht mehr gebetet haben, können Sie nicht erwarten, daß der Durchbruch bereits nach ein oder zwei Minuten erfolgt.

Bedenken Sie, dies ist eine tägliche Angelegenheit. Der Durchbruch findet nicht einmalig statt.

»Täglich sehe ich dem Tod ins Auge«, sagt Paulus in 1. Korinther 15, Vers 31. Es wird jedesmal zum Kampf kommen, wenn wir auf diese Weise ins Gebet gehen. Die Gegenwart und die Salbung kommen nicht heute, weil Sie vor zwanzig Jahren gestorben sind, sondern weil Sie heute morgen Ihrem Ich gestorben sind. Gott kann mit Überbleibseln der Vergangenheit nichts anfangen.

Daß der Durchbruch da ist, werden Sie daran erkennen, daß die Schuldgefühle verschwinden. Die Abwesenheit von Schuld und Schuldgefühlen bedeutet, daß Sie durchgebrochen sind. Sie haben ihn gesucht und gefunden.

An einem bestimmten Punkt bekommen Sie »Durst« nach ihm. Ihre Seele wird nach Gott dürsten. David drückte es so aus in Psalm 42, Verse 2–3:

»Wie der Hirsch lechzt nach frischem Wasser,
so lechzt meine Seele, Gott, nach dir.
Meine Seele dürstet nach Gott, nach dem lebendigen Gott.
Wann darf ich kommen und Gottes Antlitz schauen?«

Und genau das ist es, was mit uns geschieht. Unsere Seele dürstet danach, vor den lebendigen Gott zu kommen; sie dürstet nach seiner Gegenwart.

Das Bild, das David hier benutzt, ist perfekt. Ein Hirsch sucht aus zwei Gründen Wasser; einmal, weil er durstig ist, und zweitens, weil er von einem anderen Tier verfolgt wird. Er weiß, daß seine Fährte verschwindet, wenn er ins Wasser geht. Er wird in Sicherheit sein. Genauso ist es mit uns Gläubigen. Wir dürsten nach der

Gegenwart Gottes, weil es unsere Seele zufriedenstellt und weil uns dann kein Feind etwas anhaben kann. Der Teufel kann uns nicht finden. Deshalb schrieb David auch an anderer Stelle: »Du bist mein Schutz« (Ps 32,7).

Wenn Sie also das Wasser finden, nach dem Ihre Seele gedürstet hat, wird Lobpreis in Ihrem Inneren aufbrechen. Sie werden wissen, daß Sie im Heiligtum sind, wo Lobpreis echt und ursprünglich ist. Dort ist kein Platz mehr für jene nüchternen und gewohnheitsmäßigen »Danke, Herr, Preis dem Herrn«-Ausrufe. Ihr Lobpreis wird echt. Jeder Teil Ihres Wesens wird ihm danken – sogar für die Dinge, für die Sie ihm noch vor einer Stunde gar nicht danken konnten. Alles wird an Schönheit gewinnen.

Und nun das Allerheiligste

Erinnern Sie sich daran, wie David in Psalm 63, Vers 3, davon spricht, daß er Gottes »Macht und Herrlichkeit« sehen will? Dieser Wunsch kommt bei ihm in einer dritten Phase des Preises: dem Suchen und Sterben des eigenen Ich, das erfolgen muß, bevor die Salbung kommen kann. Es findet sich im Allerheiligsten, dem Symbol für den Geist. Es ist der Ort, wo Sie nichts mehr sagen, nichts mehr tun. Sie beten nicht. Sie singen nicht. Sie empfangen nur und lassen es an sich geschehen.

Das ist der Ort, von dem David in Psalm 42, Vers 8, sprach:

»Flut ruft der Flut zu beim Tosen deiner Wasser,
all deine Wellen und Wogen gehen über mich hin.«

Im äußeren Hof spricht mein Mund zu Gott. Im Heiligtum spricht meine Seele. Im Allerheiligsten spricht mein Geist – »Flut ruft der Flut zu«. Hier wird das Beten ohne Unterlaß geboren – hier baden Sie in der Herrlichkeit Gottes. Sie sehnen sich nicht danach. Sie sind nicht mehr durstig. Sie trinken.

»Laßt ab und erkennt, daß ich Gott bin«, schrieb David in Psalm 46, Vers 11. Sie sind so erfüllt, daß Sie nicht mehr sprechen können. Worte reichen nicht aus. Sie befinden sich völlig in seiner Gegenwart. Sie sind nicht daran interessiert, was er für Sie tun kann; Sie sind nur daran interessiert, ihn näher zu kennen.

Jenen, die diese Erfahrung machen, kann Gott die Salbung anvertrauen, wie wir später sehen werden. Gott wird seine Salbung keinem anvertrauen, der ihn nicht liebt, der ihn nicht an die erste Stelle in seinem Leben stellt.

Lassen Sie mich Ihnen versichern: Wenn Sie sich täglich auf den Weg ins Allerheiligste machen, wird es zu einem ganz natürlichen Prozeß, Sie werden immer leichter und schneller dort eintreten können. Dann dauert es vielleicht nicht mehr eine halbe Stunde, bis Sie da sind, sondern nur fünf Minuten.

Ich habe Zeiten erlebt, daß ich in dem Moment, in dem ich »Herr« sagte, im Allerheiligsten war. Und je länger und öfter Sie in der Gegenwart Gottes verweilen, desto mehr wird sich seine Gegenwart auf Sie auswirken, desto stärker wird sie.

Ein Beispiel: Nachdem Sie das erste Mal so einen Durchbruch erlebt haben, kommen Sie vielleicht aus Ihrem Zimmer und sagen: »Hallo, Liebling«, und Ihre Frau oder Ihr Mann wird an Ihrem Reden erkennen, daß Sie in Gottes Gegenwart waren. Eine Woche später, in der Sie mehr und mehr Zeit mit Gott verbracht haben, wird Ihr Partner etwas bemerken, bevor Sie ein Wort sagen, er wird die Herrlichkeit spüren, die Sie umgibt. Sie brauchen nichts mehr zu sagen.

Bei dem Apostel Petrus ging es sogar so weit, daß die Menschen erwarteten, geheilt zu werden, wenn sein Schatten auf sie fiel (Apg 5,15).

Sich in Stärke kleiden

Bei diesem Thema sollten wir nun einen Blick auf Jesaja, Kapitel 52, Verse 1–2, werfen:

»Wach auf, Zion, wach auf,
zieh das Gewand deiner Macht an!
Zieh deine Prunkkleider an,
Jerusalem, du heilige Stadt!
Denn Unbeschnittene und Unreine
werden dich nicht mehr betreten.
Schüttle den Staub von dir ab,
steh auf, du gefangenes Jerusalem!
Löse die Fesseln von deinem Hals,
gefangene Tochter Zion!«

Das »Aufwachen« in der Bibel hat auch etwas mit dem Gebet zu tun. Wenn es heißt:»Wach auf, wach auf«, bedeutet es auch soviel wie:»Bete, bete.« Sicher erinnern Sie sich, wie Jesus zu seinen Jüngern sagte, als er sie schlafend im Garten Getsemani fand: »Wacht und betet!« (Mt 26,41) oder:»Bleibt wach und betet; seid wachsam.«

Es handelt sich hier um einen Befehl; wir müssen beten. Jeremia, Kapitel 10, Vers 25, warnt uns, daß Gott jene, die nicht beten, zusammen mit der ganzen Welt richten wird –»die Stämme, die deinen Namen nicht anrufen«. Es ist uns geboten, Gott zu suchen.

Der Abschnitt in Jesaja beginnt also mit dem Aufruf, aufzuwachen, wir sollen aus unserer Lethargie herauskommen und den geforderten Preis bezahlen, Gott mit all unserer Kraft suchen, in ein tiefes Gebet gehen, in eine tiefe Liebe hineinkommen, ihn zur Nummer eins in unserem Leben machen. Dann werden diese sechs Dinge geschehen:

* Wir gewinnen an geistlicher Stärke – Stärke gegen Satan, Stärke gegen die Sünde, Stärke gegen Versuchungen. Die Schwachheit verschwindet.
* Wir ziehen neue geistliche Kleider an, die Kleider der Gerechtigkeit. Die Sünde wird uns nicht mehr anrühren können.

- Das Unreine ist nicht länger ein Teil von uns. Wir werden keine Gemeinschaft mit den Gottlosen mehr haben.
- Wir hören auf, hierhin und dorthin zu rennen auf der Suche nach jemandem, der für uns beten kann, damit wir aus unseren Problemen herauskommen. Wir werden selbst unseren Staub abschütteln – unser Unglück, unseren Schmutz. Wir werden uns erheben und frei sein.
- Und dann können wir uns niedersetzen und ausruhen. Friede wird herrschen – echter Friede, der Friede Jesu.
- Wir werden uns selbst aus der Umklammerung Satans lösen und aus der Sünde, die uns immer wieder heimsucht.

Die andere Seite der Medaille

In Jesaja 52, Verse 3–5, lesen wir, welche Folgen es hat, wenn man nicht aufwacht und betet. Diese Worte rütteln jeden auf:

»Denn so spricht der Herr:
Umsonst wurdet ihr verkauft,
und ihr sollt nicht mit Geld losgekauft werden.
Denn so spricht Gott, der Herr:
Nach Ägypten zog mein Volk einst hinab,
um dort in der Fremde zu leben.
Auch von Assur wurde es ohne Grund unterdrückt.
Aber was erlebe ich jetzt – Spruch des Herrn –
man nahm mein Vok, ohne zu bezahlen,
und nun prahlen seine Beherrscher – Spruch des Herrn –
ständig jeden Tag wird mein Name gelästert.«

Sechs weitreichende Konsequenzen hat es, wenn wir nicht beten:

- Weil wir nicht aufwachen, werden wir uns umsonst an den Teufel verkaufen.
- Wir werden nach Ägypten gehen, zurück in die Welt.

- Wir werden unterdrückt werden.
- Wir werden zu Sklaven gemacht.
- Wir werden jammern und klagen unter unserer Gefangenschaft.
- Die Gottlosen werden Gott lästern – ein Zustand, den wir heute in unserem eigenen Land beobachten können, weil die Christen nicht beten.

Aber anschließend spricht Jesaja von den positiven Folgen, die es hat, wenn wir aufwachen und beten. Er zitiert Gott so:

»Darum soll mein Volk an jenem Tag
meinen Namen erkennen und wissen,
daß ich es bin, der sagt: Ich bin da« (Jes 52,6).

Im wesentlichen sagt er damit, daß echtes Gebet noch einen weiteren Segen bringt, nämlich daß wir Gott und seine Kraft kennenlernen.

Schließlich wird derjenige, der bereit ist, diesen Preis zu akzeptieren, weitestmöglich im Dienst für Gott gebraucht. In Jesaja 52, Vers 7, heißt es:

»Wie willkommen sind auf den Bergen
die Schritte des Freudenboten,
der Frieden ankündigt,
der eine frohe Botschaft bringt
und Rettung verheißt,
der zu Zion sagt:
Dein Gott ist König.«

Zeit zur Entscheidung

Die Entscheidung, den Preis zu bezahlen und zu beten, muß jeder Christ für sich selbst treffen. Keiner kann ihm das abnehmen.

Paulus schrieb genau das in 1 Korinther 9, Vers 27: »Vielmehr züchtige und unterwerfe ich meinen Leib, damit ich nicht anderen predige und selbst verworfen werde.«

Gott gibt uns allen die Möglichkeit zu beten, er ruft uns zum Gebet, aber er zwingt uns nicht. Es bleibt immer unsere eigene Entscheidung.

In dem Moment, in dem Sie »Nein« zum Gebet sagen – »Ich bin zu müde« oder »Ich fühle mich nicht danach« – dann wird Ihr wahres Ich zum Götzendiener. Sie haben sich der niederen Natur ergeben, und Ihr Fleisch, Ihr Erdendasein, hat Gottes Platz eingenommen.

Es ist wirklich nötig, daß Sie dies verstehen. Gott liebt Sie. Er wird Ihnen helfen. Aber er wird Sie nicht zwingen. Der Herr leitet immer, aber der Teufel drängt immer.

Es liegt bei Ihnen, Ihrem eigenen »Fleisch« an den Kragen zu gehen und zu sagen: »Nein, ich werde beten!«

Die schreckliche Gefahr, die darin liegt, sich vom »Fleisch« bestimmen zu lassen, wird in den ersten Kapiteln des Buches Genesis offenbar.

Gott schuf Mann und Frau als Wesen mit Geist, Seele und Leib, aber durch die Versuchung, der Eva und Adam erlagen, stellte der Teufel den Menschen quasi auf den Kopf: erst Leib, dann Seele und Geist.

Das Fleisch hatte die Vorherrschaft, und wir finden dazu jene tragischen Worte in Genesis 6, Vers 3: »Da sprach der Herr: Mein Geist soll nicht für immer im Menschen bleiben, weil er auch Fleisch ist.«

»Sich dem Fleisch zu ergeben« bedeutet, gegen Gott zu rebellieren, und genau das tun Sie, wenn Sie sich weigern, zu beten. Diese Rebellion ist tödlich. Gott wird keinen Menschen gebrauchen können, bei dem alles auf dem Kopf steht, und er kann einen solchen ganz bestimmt nicht salben.

Beginnen Sie, Gott zu suchen. Bezahlen Sie den Preis. Drehen Sie Ihr Leben wieder richtig herum, dann wird er Sie von Kopf bis Fuß salben.

Gottes Telefonnummer finden wir in Jeremia 33, Vers 3. Er wartet auf Sie: »Rufe zu mir, so will ich dir antworten und dir große, unfaßbare Dinge mitteilen, die du nicht kennst.«

Er verspricht folgende Dinge, wenn Sie ihn anrufen: Erstens wird er antworten; er wird mit Ihnen reden. Zweitens wird er Ihnen einen tieferen Einblick gewähren, Sie werden seine Herrlichkeit sehen. Drittens wird er Ihnen neue Erkenntnisse schenken, Dinge, von denen Sie nie etwas gewußt haben.

Kapitel 5

Nicht durch Stärke

Es war eine aufregende Erfahrung für mich, als ich in meinem Dienst das erste Mal die Hände auf einen Kranken legte. Ich wußte, daß der Herr mir gezeigt hatte, für die Kranken zu beten, so wie er den Jüngern in Markus 16, Vers 18, sagte:»Die Kranken, denen sie die Hände auflegen, werden gesund werden.«

Mir aber war das neu, und Satan hatte mir allen möglichen Unsinn in den Kopf gesetzt. So stand ich zum Beispiel einmal an der Bushaltestelle auf dem Weg zu einer Predigt, bei der ich auch den Kranken die Hände auflegen wollte; er sprach direkt in meine Gedanken:»Nichts wird geschehen. Keiner wird geheilt werden. Es wird nichts passieren – gar nichts!«

Wie Sie sich vorstellen können, stieg in mir ein schreckliches Gefühl hoch, diese Angst, daß die Salbung nicht einsetzen würde. Ich konnte diese Panik nicht stoppen.

Die Angst hatte mich immer noch im Griff, als ich dann predigte und die Menschen einlud, nach vorne zu kommen, um mit sich beten zu lassen. In den ersten Jahren betete ich normalerweise für jede Person einzeln, im Gegensatz zu den heutigen Heilungsgottesdiensten.

Da stand also jener Mann und wartete darauf, daß ich mit ihm betete. Ich fühlte mich elend und hatte Angst.»Wo bist du, Herr?« dachte ich.»Was soll ich machen? Du hast doch befohlen, zu beten.«

Ich bewegte meine Hand auf das Gesicht des Mannes zu, und sofort kam die Salbung des Heiligen Geistes über uns. Ich wußte es. Der Mann wankte und fiel zu Boden, als die Kraft des Heiligen Geistes ihn durchströmte. Er wurde von seinem Leiden geheilt.

Wie ich schon in meinem Bericht über meine erste Predigt und meine sofortige Heilung vom Stottern anmerkte, ist Gott nie voreilig, aber auch nie zu spät. Es ist, als zeige er sich nie, bevor Sie Ihre Hand auf eine Person gelegt haben und Ihr Mund sich öffnet, um zu sprechen. Aber in dem Moment, in dem Sie am liebsten sterben würden, ist er da.

Warum? Er erweitert Ihren Glauben. Er trainiert Sie für die schwierigeren Aufgaben, die vor Ihnen liegen. Jakobus sagt es so: »Ihr wißt, daß die Prüfung eures Glaubens Ausdauer bewirkt. Die Ausdauer aber soll zu einem vollendeten Werk führen; denn so werdet ihr vollendet und untadelig sein, es wird euch nichts mehr fehlen« (Jak 1,3– 4).

Sie können sich nicht vorstellen, durch welche Anspannung ich in jenen ersten Lektionen ging. Oft wollte ich einfach nach Hause gehen. »O Gott«, dachte ich, »sie werden mich auslachen. Ich werde alles falsch machen.«

Und dann kam die Salbung. Es brauchte einfach viele Prüfungen und einen Prozeß des Reifens, wenn ich zu dem Mann werden sollte, den Gott aus mir machen wollte.

Mit Ihnen ist es genauso. Wenn Sie sich für den Dienst, zu dem Gott Sie berufen hat, auf die Gegenwart und Salbung des Heiligen Geistes vorbereiten, werden Sie geprüft. Ihr Glaube muß wachsen, Sie müssen reifen und vollkommener werden. Entsprechend Ihrem Wachstum erleben Sie auch die Salbung in veränderter Weise, sie ist nicht immer dieselbe.

Segen der Stille

Bei den Veranstaltungen mit Kathryn Kuhlman wurde immer viel gesungen, und oft stimmte sie mit großer Freude und Begeisterung ein. Andere Male sagte sie ihrer Zuhörerschaft: »Leise jetzt, leise.« Ich fragte mich lange, warum sie das tat.

Schließlich sagte sie einmal: »Bitte seid alle jetzt still.« Sie meinte es sehr ernst, und jedermann verstummte. Charlie, der Organist, spielte eine ganz leise, sanfte Melodie; keiner konnte so für Kathryn spielen wie Charlie. Alles andere und alle, die da waren, verstummten.

Das ging so etwa zehn Minuten. Stille. Dann begann ein Mann in einer der vorderen Reihen hinter vorgehaltener Hand zu flüstern: »Preis sei dir, Jesus. Ich preise dich, Jesus.« Ich dachte nicht, daß ihn jemand hören konnte, und ich war sicher, daß er es selbst kaum merkte.

Sofort sagte Frau Kuhlman nachdrücklich: »Mein Herr, ich bat um Ruhe!« Absolute Stille kehrte wieder ein, abgesehen von Charlies Spiel.

Minuten verstrichen. Und schließlich sagte sie kaum hörbar, es war nur ein Flüstern: »Er kommt, wenn ihr still seid.« Sie wiederholte es, noch leiser: »Er kommt, wenn ihr still seid.«

Mann, hatte ich eine Angst. Ich wußte nicht, was geschehen würde, aber ich wartete . . . und wartete . . . und wartete . . .

Und dann passierte es!

Überall im Publikum begannen Wunder zu geschehen, die in der folgenden Stunde bestätigt wurden, als Frau Kuhlman die Leute auf die Bühne holte und mit ihnen sprach.

Ich stand erst drei Monate im Dienst und hatte so etwas noch nie gesehen. Im ganzen Saal fanden Wunder statt. Und sie begannen während der Stille.

Ich kehrte nach Kanada zurück und dachte darüber nach. »Ich werde das ausprobieren«, sagte ich. Immerhin hatte ich aus diesen Veranstaltungen so vieles gelernt und erlebt. Gott benutzte sie in der ganzen Welt, um Wunder zu wirken. Und er benutzte sie auf gnädige und gütige Weise, um mich in jenen ersten Zeiten zu lehren und zu inspirieren.

Zu Anfang meines Dienstes hatte ich einen wunderbaren und chaotischen Chor, der zu mehr als der Hälfte aus Sängern und Sängerinnen von Jamaika und Haiti bestand. Der Rest kam von überall her. Alle waren – gelinde gesagt – enthusiastische Sänger. Sie waren fantastisch, aber in ihrem Überschwang im Lobpreis konnten sie auch sehr laut sein.

An einem Montag abend – die Halle war bis auf den letzten Platz gefüllt – sagte ich dann im voraus, daß sie in einem bestimmten Moment still sein sollten. Nun, es dauerte zwanzig Minuten, bis ich sie zum Schweigen gebracht hatte, denn sie sagten immer wieder: »Danke Herr, preis sei dir« – Also Dinge, die völlig normal für einen begeisterten Christen sind.

Ich sagte: »Still jetzt. Wenn ihr euch weiter rührt, dann schicke ich euch nach draußen.« Und sie versuchten ihr Bestes.

Ich blickte hinüber zum Leiter der Musikgruppe, und sein Gesicht sagte mir, daß er sich fragte, was in aller Welt hier geschah. Ehrlich gesagt fragte ich mich in diesem Moment auch, was ich da tat. Ich wußte ehrlich nicht, ob ich richtig oder falsch handelte. Alles, was ich wußte, war, daß Kathryn es getan hatte und daß Gott daraufhin gehandelt hatte. Falls nichts geschehen sollte, nahm ich mir vor, die ganze Sache zu vergessen und weiterzumachen wie bisher. »Werdet alle ganz still«, wiederholte ich vor allen.

Der Chor brauchte also zwanzig Minuten, um zu verstummen. Dann wurde es im ganzen Raum still. Es war wirklich still. Ich wußte nicht, was ich als nächstes tun sollte, also wartete ich und verharrte still. Ziemlich schnell waren vierzig Minuten um. Ich wartete mit geschlossenen Augen, weil ich keine Ahnung hatte, was – wenn überhaupt – geschehen würde. Und nach dieser langen Zeit wollte ich gar nicht mehr schauen.

Dann *Peng*! Was war das? Noch ein Schlag und noch einer, scheinbar überall im Publikum. Ich konnte nicht widerstehen, meine Augen zu öffnen. Drei Menschen an verschiedenen Plätzen im Publikum waren umgefallen. Und während ich mich umschaute, erwischte es zwei weitere.

Aber jetzt! Etwas füllte den Saal. Ich spürte eine starke elektrische Ladung, so wie ich mir einen Blitzschlag vorstellte. Ich fühlte, wie eine gewisse Taubheit fast durch meinen ganzen Körper ging. Und genau vor meinen Augen fiel fast jeder zu Boden. Fast keiner außer mir war noch auf den Beinen.

Ich war sprachlos. Mein Musikleiter lag weinend da. Die Musiker, die Ordner, jeder lag am Boden. Ich klammerte mich fest ans Rednerpult, und ich hörte die Stimme Gottes; ich weiß, ich war der einzige, der sie in diesem Moment hörte:»Ich habe dich stehen lassen, damit du es sehen kannst.«

Ich hatte eine Lektion gelernt. Aber Gott war damit noch nicht am Ende.

Einige Tage später rief mich ein Freund von mir namens Peter an. Es war Freitag abend, und er sagte:»Ich möchte dich morgen mitnehmen, aber du mußt schon um fünf Uhr früh abmarschbereit sein.«

Ich war noch nie ein Morgenmensch.»Wozu?« fragte ich.

»Egal. Ich hole dich um fünf Uhr ab.«

Ich hatte schwer zu kämpfen, aber Peter war ein guter Freund. Ich traf ihn um fünf, und los ging's in seinem Auto. Man muß nicht weit fahren, um von Toronto in die Wälder zu kommen, und dort befanden wir uns kurze Zeit später.

Er stellte das Auto ab, und wir gingen einige Minuten in den Wald hinein. Ich meine, wir waren im tiefsten Wald – abgeschlossen, nichts als Bäume, Vögel und Eichhörnchen um uns herum. Wir hielten an, und er sagte:»Ich bin gleich wieder da.«

Ich nahm an, er müßte mal, also wartete ich. Und ich wartete. Und wartete. Zehn Minuten, zwanzig Minuten, und ich begann Geräusche zu hören, die ich nie in meinem Leben gehört hatte. Ich konnte sogar mein eigenes Herz schlagen hören. Es war sehr still.

Nun meinte ich, sei die Zeit gekommen, daß er zurück sein sollte. Er war wohl doch nicht nur mal kurz hinter einem Baum verschwunden.

Also schrie ich, so laut ich konnte:»Peeeeeeeterr!«

Stille. Und plötzlich sprang er hinter einem Busch hervor – und erschreckte mich zu Tode.

»Deshalb habe ich dich hergebracht!« sagte er.

»Um mich zu erschrecken?«

»Nein. Um dir zu zeigen, daß du nicht weißt, wie man still ist. Immer redest du oder läufst herum oder machst Lärm. Ich habe dich in den Wald gebracht, um dir etwas beizubringen.«

Ich war nicht beeindruckt, oder zumindest sagte ich das.

»Weißt du«, sagte Peter, »daß D. L. Moody sagte: ›Wenn ich einen Ungläubigen dazu bringen kann, fünf Minuten still zu sein und in diesen fünf Minuten über die Ewigkeit nachzudenken, dann kann ich erreichen, daß er gerettet wird. Ich werde nichts sagen müssen.‹«

Stille. Ich lernte davon. Das Allerheiligste ist still. Sie müssen lernen, still vor Gott zu werden und ihn still anzubeten. Sie werden die Salbung entdecken.

Das Versprechen halten

Wie ich bereits erwähnte, war Kathryn Kuhlman eine Botschafterin des Evangeliums, die mir ein Vorbild war. Ohne daß sie es wußte, lehrte sie mich eine ganze Menge.

Aber ich muß bekennen, daß ich sie das erste Mal, als ich sie in Pittsburgh sah, bei weitem nicht so schätzte, wie ich es jetzt tue. Von meinem Platz in der dritten Reihe in der Kirche aus beobachtete ich, wie sie fast auf Zehenspitzen über die Bühne schwebte. Und als die Versammlung dann begeistert sang: »Wie groß bist du«, rannte diese schlanke Dame mit kastanienbraunem Haar zur Mitte der Bühne, um mit kräftiger Stimme das Finale das mächtigen Gesangs zu leiten. Das war eines der Markenzeichen ihres beeindruckenden Dienstes.

Die ersten Worte, die sie ins Mikrofon sprach, waren: »Hallo. Und ihr habt alle auf mich gewartet?«

Zu meinem Bedauern war meine verhaltene Antwort ein plumpes »Nein«. Aber ich war nicht der einzige, der sich mit Frau Kuhlmans Art etwas schwer tat. Wir können aus den Warnungen der Bibel vor Lästereien eine Lektion lernen. Denn ich war einer von relativ wenigen, die die Gelegenheit hatten, aus ziemlich geringer Entfernung zu sehen, daß die äußere Schau in keinster Weise mit Herz, Geist und der Kraft dieser Frau in Verbindung stand. Ich lernte viel, und ich lerne immer noch aus meinen damaligen Erfahrungen.

Während der Zeit ihres Dienstes, in der ich sie erlebte, hatte sie jedesmal Tränen in den Augen, und sie sprach mit einem fast unbemerkten Zittern ihrer Lippen die folgenden Worte zu Gott: »Ich verspreche dir allein die Ehre, und ich danke dir hierfür.« Manches Mal war es auch nur ein ganz einfaches und vertrautes »Lieber Jesus, tausend Dank.«

Ich versichere Ihnen, es gibt keinen anderen Weg. Wenn Sie die Salbung suchen und empfangen, darf die Ehre keinem anderen mehr gegeben werden als nur Gott. Jedes Versagen diesbezüglich wird katastrophale Folgen haben. Denken Sie nur einmal an die gefallenen Diener Gottes, die in den letzten Jahren über diesen Punkt falscher Ehrerweisung gestolpert sind. Extravaganz ist eine Sache, Stolz und Undankbarkeit sind etwas anderes. »Ich verspreche dir die Ehre, und, lieber Jesus, hab tausend Dank.«

Eine Lektion über das Gebet

1977, nachdem Frau Kuhlman im Jahr zuvor gestorben war, bat mich die Kuhlman-Stiftung, einen Gedenkgottesdienst für sie in Pittsburgh zu halten. Bis dahin hatte meine Mitarbeit in ihrem Dienst in kleinen Dingen bestanden, zum Beispiel im Verteilen von Liedblättern. Daher war ich sprachlos, daß man mich bat, bei einem so bedeutsamen Ereignis mitzuwirken. Ich war selber und als Christ noch sehr jung, und hier ging es um eine große Sache.

Als ich im Büro im Carlton House eintraf, nahm mich Maggie Hartner, die Kathryns engste Vertraute gewesen war und die ich sehr schätzte, beiseite und sagte etwas, das mich sehr überraschte.

»Nun geh nicht und bete und werde so aufgeregt und verstrickt in deine eigenen Nöte, daß Gott dich heute abend nicht gebrauchen kann«, sagte sie ernst. »Leg dich lieber ein bißchen hin oder so.«

Ich traute meinen Ohren nicht. »Das ist das Ungeistlichste, was ich jemals gehört habe«, dachte ich, »und dies ist die ungeistlichste Frau, der ich je begegnet bin.« Ich würde beten gehen, ob es ihr paßte oder nicht.

Jimmy McDonald, der Sänger, holte mich ab und nahm mich mit zur Carnegie Music Hall und erläuterte mir das Programm des Abends. Der Chor sollte verschiedenes singen, sagte er, und dann würde er singen. »Wenn ich beginne mit ›Jesus, welch ein wunderbarer Name‹, kommen Sie heraus.« Ich nickte zustimmend.

Nun, sie zeigten einen Film über Kathryns mächtigen Dienst in Las Vegas. Der Film hat immer noch eine starke Wirkung, wenn er gezeigt wird. Dann sang Jimmy. Ich schaute von hinter der Bühne auf die Menschenmenge und erstarrte. Ich konnte mich nicht rühren.

Jimmy sang das Lied ein zweites Mal, dann ein drittes Mal, und schließlich sagte er: »Wir werden das Lied noch einmal singen, und dann wird Benny Hinn zu uns kommen.« Er fügte noch einige freundliche Worte zu meiner Person an. Die meisten Leute wußten natürlich nicht, wer ich war. Er sang nochmal. Ich war immer noch vor Angst erstarrt.

Schließlich kam ich auf die Bühne. Jimmy flüsterte: »Wo warst du denn?« Dann verließ er die Bühne. Das machte es mir auch nicht leichter.

Ich versuchte, noch einmal das Lied mit ihnen anzustimmen, aber ich setzte zu hoch ein, und es war schrecklich. Keiner sang mit mir. Ich kämpfte ganz allein. Alles, woran ich denken konnte, war, hier rauszukommen und nach Hause zu gehen.

Fast eine halbe Stunde schien vergangen zu sein. Alles, was ich tun konnte, war, meine Arme in die Luft zu werfen und zu rufen: »Herr, ich kann's nicht, ich kann es einfach nicht.«

In diesem Augenblick hörte ich eine Stimme tief in meinem Inneren sagen: »Ich bin froh, daß du nicht kannst; jetzt werde ich.«

Ich entspannte mich völlig, und es war, als käme ich von der Hölle in den Himmel. Sofort spürte ich eine große Erleichterung, als mir ohne jeden Zweifel klar war, daß ich es nicht tun konnte. Die Kraft Gottes kam herab, und jeder im Saal wurde angerührt – nicht durch mich, sondern durch Gott. Es war ein wunderschöner, bewegender Gottesdienst.

Später kam Maggie auf mich zu und sagte mir etwas, das ich nie vergessen werde:»Kathryn hat immer gesagt: ›Es sind nicht deine Gebete, es sind nicht deine Fähigkeiten, es ist deine Hingabe.‹ Lerne, ihm alles auszuliefern und hinzugeben, Benny.«

Mittlerweile war ich von dem, was ich da erlebte, so sprachlos, daß ich nur noch sagen konnte:»Maggie, ich glaube nicht, daß ich weiß, wie das geht.«

»Nun, du hast heute abend deine erste Erfahrung gemacht«, sagte sie.

Wieder im Hotelzimmer, betete ich:»Herr, unterweise mich in diesem Punkt.«

Ich wußte, der Schlüssel lag in Maggies Worten vom Nachmittag. Aber erst in den letzten Jahren habe ich völlig verstanden, was sie damals sagte: Bete nicht nur, weil du einen Gottesdienst vor dir hast. Ich spreche auch nicht nur dann mit meiner Frau, wenn ich sie brauche. Ich soll eine Beziehung zu ihr haben. Genauso ist es mit Gott. Wir beten – immer – damit die Gemeinschaft bestehen bleibt. Sie können nicht sagen:»Ich rede mit dir, wenn ich dich brauche« und ihn dann wieder eine Weile ignorieren. Gott wird sagen:»Keine Beziehung, keine Salbung.«

Ihr Leben hängt vom Gebet ab.

Vertrauenssache

Ich weiß, daß Maggie Hartner diese Beziehung und dieses Vertrauen im Sinn hatte, als ich folgende, sehr persönliche Geschichte mit ihr erlebte. Ich weiß, Sie werden es verstehen.

Eines Abends fuhren Maggie und ich nach einem Gottesdienst spät durch die Straßen von Pittsburgh. Die Straßen waren leer, und als wir an eine Ampel kamen, wandte sich Maggie zu mir und sagte: »Sehen Sie das Gebäude da links? Da haben Frau Kuhlman und ich früher viele Jahre lang gelebt.«

Es war ein ziemlich altes Mietshaus. Nach einem Moment des Schweigens sagte ich zu ihr: »Maggie, erzählen Sie mir, wie Kathryn damals war.« Als Maggie einen Moment nachdachte, kam die Salbung des Heiligen Geistes über sie, und es schien mir, als wäre Gott ins Auto eingestiegen. Und sie sagte: »Benny, ich werde Ihnen jetzt etwas sagen . . . vergessen Sie es nie.«

Maggie war eine respektable Person, und sie hatte meine volle Aufmerksamkeit. »Sie haben eine Menge mehr, als Kathryn es in Ihrem Alter hatte. Die Kraft Gottes, die Sie auf Kathryn gesehen haben, lag erst in den letzten zehn Jahren auf ihrem Leben.«

Ich war verblüfft. »Maggie, ich dachte, Kathryn hatte immer diese Salbung.« – »O nein«, sagte sie, »in den ersten Tagen hatte sie überhaupt keine Salbung, verglichen mit der zum Zeitpunkt ihres Todes.« Dann blickte sie mich im fahlen Licht scharf an. »Wissen Sie, warum Gott sie auf diese Weise gesalbt hat?« Ich schüttelte den Kopf.

»Weil er sich auf sie verlassen konnte.«

Einige Momente herrschte Stille. Dann zeigte sie mit dem Zeigefinger ihrer rechten Hand direkt in mein Gesicht und sagte ruhig, aber mit Nachdruck: »Und wenn er Ihnen vertrauen kann . . . « – ich dachte, Gott selbst spräche mit mir – »wenn er Ihnen nur vertrauen kann. . . « Ihr Finger hielt einen Moment vor meinem Gesicht still, und alles war totenstill, als wir weiter durch die dunklen Straßen fuhren.

Als ich später in meinem Hotel war, bekam ich kaum ein Wort heraus. Ich war erschüttert. Ich sprach so ernst, wie ich niemals in meinem Leben gesprochen hatte: »Herr, bitte mache mich zu einem gesalbten Mann, dem du vertrauen kannst.«

Vertrauen.

»Ich verspreche dir die Ehre, und, lieber Jesus, hab tausend Dank.«

Es gibt keinen anderen Weg.

Kapitel 6

Eine ungewöhnliche Frau Gottes

Da ich mit vielen jungen Leuten zu tun habe, die nicht viel über Kathryn Kuhlman wissen, möchte ich Ihnen kurz von dieser bemerkenswerten Frau berichten, die einen so großen Einfluß auf mein Leben hatte und die das Leben so vieler anderer Menschen auf der ganzen Welt angerührt hat. Von dem, was Gott in ihrem Leben tat, können wir lernen, was er durch die Salbung auch in unserem Leben tun kann.

Kathryn wurde am 9. Mai 1907 in der Nähe von Concordia im US-Bundesstaat Missouri geboren und entwickelte sich zu einem hochgewachsenen, rothaarigen, ausgelassenen Teenager mit starkem Willen und einem klugen Kopf. Mit vierzehn Jahren entschied sie sich bei einer für den Mittelwesten der USA typischen Erwekkungsveranstaltung, die in einer kleinen methodistischen Kirche von Baptisten durchgeführt wurde, für Christus. Ihre damalige Erfahrung war zugleich beispielhaft für alles, was in den folgenden Jahren geschah. Vor den Augen ihrer sprachlosen Familie, Gemeinde und jedermann in der Stadt kam der Heilige Geist über sie, sie erlebte eine überwältigende Sündenerkenntnis und brach schluchzend und zitternd auf ihrem Platz in einer der vorderen Reihen zusammen.

»Die ganze Welt veränderte sich«, sagte sie Jahre später. Ich konnte ihr das nur zu gut nachempfinden.

Nur wenige Jahre nach ihrer Bekehrung schloß sie sich ihrer Schwester Myrtle und deren Ehemann auf einer Evangelisationsreise an, und schon kurze Zeit darauf empfand sie eine große Last für die Verlorenen und begann einen eigenen Reisedienst. Begleitet von der Pianistin Helen Gulliford, sprach sie mehrere Jahre im ganzen Mittelwesten und Westen, bis sie schließlich nach Denver

63

kam, wo sie binnen kurzem große Menschenmengen anzog, die zu ihren Veranstaltungen in einer Lagerhalle kamen.

Aus diesen Veranstaltungen im Jahr 1933, am Höhepunkt der wirtschaftlichen Depression, entstand das »Denver Revival Tabernacle«, eine große, schnell expandierende Arbeit. Während dieser Zeit war sie hauptsächlich als Predigerin tätig und führte viele Menschen zu Christus. Obwohl auch hier, wie in vielen christlichen Diensten, Heilungen durch Gebet geschahen, war die Zeit, in der vor allem Wunder ihren Dienst begleiteten, noch lange nicht gekommen. Es sah eher so aus, als würde sie gleich in ein Desaster schlittern. Zum Glück hatte Gott einen Plan, wie er Kathryns Schwächen überwinden wollte.

1937 lud sie einen großen, gutaussehenden Evangelisten namens Burroughs Waltrip ein, um in ihrer Arbeit in Denver mitzuarbeiten. Er blieb zwei Monate. Er war zwar noch verheiratet, hatte jedoch seine Frau und Kinder auf wirklich schuldhafte Weise verlassen. Kathryn verlor jedes gute Urteilsvermögen und verliebte sich in ihn. Als er sich schließlich scheiden ließ, heiratete Kathryn ihn trotz der Bitten und Warnungen ihrer besorgten Freunde. Dann folgte sie Waltrip nach Iowa.

Ihr blühender Dienst brach zusammen, wobei Teile der Arbeit in Denver unter anderer Leitung weiterliefen.

Waltrips Dienst in Iowa war ein Mißerfolg. Also gingen sie fort und reisten weit durch den Mittelwesten und Westen, wobei sie manchmal gemeinsam Veranstaltungen durchführten. Oftmals jedoch saß Kathryn still auf der Bühne, während ihr Mann sprach. Gott war gnädig, und so fanden viele Menschen durch den Dienst zu Gott, aber mit der Zeit wich das Leben aus ihnen, besonders aus Kathryn.

Kathryn hatte ihre erste große Liebe, den Herrn Jesus Christus, verlassen und war nun dabei zu sterben. Nach den Worten des Schriftstellers und Pastors Jamie Buckingham hatte sie schon jahrelang gewußt, daß sich etwas in ihrem Leben ändern mußte. Der Ruf Gottes auf ihrem Leben war so tief, so unwiderruflich, daß sie nach ungefähr sechs Jahren ihr Unglück nicht mehr aushielt. Waltrip wußte es auch, aber es war Kathryn, die handelte.

In *Kathryn Kuhlman – ihr Leben und Wirken*, einem Buch über Kathryn Kuhlman, das James Buckingham nach ihrem Tod geschrieben hat, zitierte er sie an diesem wichtigen Scheidepunkt ihres Lebens folgendermaßen:

»Ich mußte mich entscheiden. Wollte ich dem Mann dienen, den ich liebte, oder dem Gott, den ich liebte? Ich wußte, ich konnte nicht Gott dienen und mit Mister zusammenleben. (Sie nannte Waltrip »Mister«, vom ersten Augenblick an, in dem sie ihm begegnet war.) Keiner wird je um den Todesschmerz wissen, wie ich ihn erfuhr, denn ich liebte ihn mehr als mein Leben. Und eine Zeitlang liebte ich ihn sogar mehr als Gott. Schließlich sagte ich ihm, daß ich gehen müsse. Gott hat mich nie aus dieser ursprünglichen Berufung entlassen. Ich lebte nicht nur mit ihm, ich mußte auch mit meinem Gewissen leben, und die Überführung des Heiligen Geistes war fast unerträglich. Ich war es müde, mich selbst zu rechtfertigen zu versuchen. Müde. Eines Nachmittags verließ ich die Wohnung – sie lag in einem Vorort von Los Angeles – und lief eine von Bäumen beschattete Straße entlang. Die Sonne flimmerte durch die riesigen Äste, die sich über mir ausstreckten. Am Ende des Häuserblocks sah ich ein Straßenschild. Es bedeutete »Sackgasse«. Mein Herz schmerzte mehr, als ich in Worten beschreiben konnte. Wenn Sie meinen, es sei einfach, zum Kreuz zu gehen, dann kann das nur daran liegen, daß Sie noch nie da waren. Ich war da. Ich weiß es. Und ich mußte allein gehen. Ich wußte nichts von der wunderbaren Erfüllung mit dem Heiligen Geist. Ich wußte nichts von der Kraft dieser dritten, mächtigen Person der Dreieinigkeit, die allen zur Verfügung steht. Ich wußte nur, daß es vier Uhr Samstagnachmittag war und daß ich mich in meinem Leben an einem Punkt befand, wo ich bereit war, alles – sogar Mister – aufgeben und zu sterben. Ich sagte laut: »Lieber Jesus, ich liefere dir alles aus. Ich gebe dir alles. Nimm meinen Leib. Nimm mein Herz. Alles, was ich bin, gehört dir. Ich lege es in deine wunderbaren Hände.«

Kathryn hatte schon seit fast sechs Jahren gewußt, daß sie sich selbst zum Narren gehalten hatte. Sie hatte gepredigt und Gottes Segen gesucht, doch ohne nach Gottes Weisung zu leben. Sie hatte gesündigt.

Aber sie tat Buße und machte an jenem Samstagnachmittag eine Kehrtwendung. Sie starb. Sie wurde zu einem Samenkorn, das bereit war, in die Erde zu fallen und begraben zu werden. Mit Buckinghams Worten: »Mit tränennassen Augen wandte sie sich um und ging die Straße zurück, die sie gekommen war.«

Und sie war ganz allein, abgesehen von einem liebenden, vergebenden Gott. »Niemand«, weinte sie leise viele Jahre später, »niemand wird es je wissen, was mich dieser Dienst gekostet hat. Nur Jesus.«

Später sprach ich mit Maggie Hartner über Kathryns »Sterben«, und sie gewährte mir einen großen Einblick – Einblick, von dem wir alle lernen müssen. In jener Zeit der Buße und Umkehr litt Kathryn verständlicherweise unter Trauer und Schuldgefühlen. An einem Punkt fragte der Herr sie: »Kathryn, habe ich dir vergeben?« Sie antwortete: »Ja.« Dann sagte Gott: »Ich habe es vergessen, und laut meinen Büchern ist es nie passiert.« Von diesem Moment an bis in die späten Jahre ihres Lebens sprach sie nie mehr über diese Angelegenheit, sondern behandelte sie, wie Gott es nach seinen Worten getan hatte.

Der Schrift nach hat Gott bereute Sünden hinter sich getan und widmet ihnen keinen einzigen Blick mehr. Sie sind so weit entfernt von ihm wie der Osten vom Westen. Wenn Sie immer wieder zurückkommen und um Vergebung für dieselbe Sache bitten, dann weiß er wirklich nicht, wovon Sie reden. Buße. Reingewaschen durch das Blut Jesu Christi. Vergebung. Eine weiße Weste. Wer war Kathryn Kuhlman, daß sie in einer Art mit der Sünde hätte umgehen können, die Gott widersprach? Das geschah nie.

Die Tür öffnet sich

Zwei Jahre später, nach vielem Auf und Ab und viel Ablehnung, weil sie einen geschiedenen Mann geheiratet hatte, stieg Frau Kuhlman in Franklin im Westen von Pennsylvania aus dem Bus. Endlich war eine Tür offen.

Sie blieb längere Zeit bei dem »Gospel Tabernacle« (Evangeliumsdienst) und begann in jener Zeit mit einer Radiosendung, die sich gut entwickeln und mit der Zeit über ganz Amerika ausgestrahlt werden sollte. Schließlich landete sie in Pittsburgh, dem Standort ihres folgenden, fantastischen Dienstes.

Während der Zeit in Franklin begann sie, sich mit dem Thema Heilung auseinanderzusetzen. Manchmal predigte sie über Heilung, und Leute wurden geheilt, aber es war nie ein Schwerpunkt ihres Dienstes, durch den sie Menschen zu Christus führen wollte. »Ich wußte zutiefst in meinem Herzen, daß es Heilung gab«, erzählte sie Buckingham viele Jahre später. »Und ich hatte den Beweis derer, die geheilt worden waren. Es war echt, aber was war der Schlüssel?«

Eines Tages sah sie eine Anzeige für eine Zeltevangelisation in Erie, bei der ein »Heilungsevangelist« sprechen sollte, und sie beschloß hinzugehen. Aber es gab dort keine Heilung, jedenfalls nicht für sie. Der Evangelist war laut, lärmend und akrobatisch begabt, ein Gepräge, das ihrem Dienst völlig fehlte. Das Publikum schien verrückt zu werden, als er schrie; sie schrien ebenfalls, jammerten, krümmten sich. Sie sah den offensichtlichen Betrug, als Menschen voll Glauben und Vertrauen Heilung für sich in Anspruch nahmen, und sie konnte darüber nur noch weinen. Wenn aber keine Heilungen geschahen, wurden sie auch noch für ihren Mangel an Glauben kritisiert und blieben verzweifelt und hoffnungslos zurück.

Aber Kathryn wandte sich hilfesuchend an das Wort Gottes, an das sie glaubte – so sehr sie sich auch im geistlichen Zerbruch befand.

Das Ergebnis zeigte sich am 27. April 1947, als sie eine Predigtreihe über den Heiligen Geist begann. Ich will hier Teile dieser Lehre, wie sie in Buckinghams Buch niedergeschrieben sind, nochmals wiedergeben:

»Ich sehe in Gedanken die drei Personen der Dreieinigkeit, wie sie an einem großen Konferenztisch sitzen, bevor die Erde geformt wurde. Gott der Vater, teilte den anderen mit, daß, obwohl er den Menschen dazu schaffen wollte, mit ihm Gemeinschaft zu haben, dieser Mensch sündigen und die Beziehung zu ihm abbrechen würde. Der einzige Weg, wie die Gemeinschaft wiederhergestellt werden könne, liege darin, daß jemand den Preis für diese Schuld bezahle. Denn wenn sie nicht beglichen würde, dann müßte der Mensch selbst diesen Preis in Unglück, Krankheit, Tod und schließlich mit der Hölle bezahlen. Als der Vater geendet hatte, ergriff sein Sohn Jesus das Wort und sagte: ›Ich werde gehen. Ich werde Menschengestalt annehmen und auf die Erde gehen, um den Preis zu bezahlen. Ich werde bereit sein, am Kreuz zu sterben, damit die Menschen wieder in einer heilen Beziehung mit uns leben können.‹ Dann wandte sich Jesus an den Heiligen Geist und sagte: ›Aber ich kann nicht gehen, wenn du nicht mit mir gehst – denn du bist der, der die Kraft hat.‹ Der Heilige Geist antwortete und sagte: ›Geh nur los. Und wenn die Zeit reif ist, dann werde ich dir auf die Erde folgen.‹ So kam Jesus auf die Erde, wurde in einem Stall geboren und wuchs zum Mann heran. Aber obwohl er der Sohn Gottes war, hatte er keine Macht. Dann kam dieser Moment am Jordan, als Jesus, nachdem er von seiner Taufe aus dem Wasser stieg, nach oben schaute und sah, wie der Heilige Geist in Form einer Taube auf ihn herabkam. Es muß einer der schönsten Momente für Jesus gewesen sein, während er in Fleisch und Blut über diese Erde ging. Und ich kann fast hören, wie der Heilige Geist in sein Ohr flüsterte: ›Jetzt bin ich da. Wir sind gut in der Zeit. Jetzt wird wirklich etwas geschehen.‹ Und es geschah. Erfüllt vom Heiligen Geist, hatte Jesus plötzlich Macht, Kranke zu heilen, Blinde sehend zu machen, sogar Tote aufzuerwecken. Es war die Zeit der Wunder. Drei Jahre lang gingen sie so, und dann am Ende, sagt die Bibel, ›gab er den Geist auf‹, und der Geist kehrte zum heiligen Vater zurück. Nachdem Jesus drei Tage im Grab gelegen hatte, kam die mächtige dritte Person der Dreieinigkeit, der Heilige Geist, zurück. Jesus kam mit einem verherrlichten Leib aus dem Grab. Er vollbrachte keine Wunder mehr in der kurzen Zeit vor seiner Himmelfahrt, aber er gab seinen Nachfolgern ein großes Versprechen – das großartigste Versprechen überhaupt, die Bibel. Er sagte, daß derselbe Heilige Geist, der in ihm gelebt hatte, kommen würde, um in all jenen zu sein, die ihr Leben seiner Macht öffnen wollten. Die gleichen Dinge, die er, Jesus, getan hatte, sollten auch seine Jünger tun. Sogar größere Dinge sollten geschehen, weil nun der Heilige Geist nicht auf einen Körper beschränkt war, sondern frei, in all jene hineinzukommen, die bereit waren, ihn zu empfangen. Er sagte bei seinem Weggang: ›Ihr werdet die Kraft des Heiligen Geistes empfangen, der auf euch herabkommen wird.‹ Gott der Vater hatte ihm die Gabe geschenkt. Nun gab er sie an die Gemeinde weiter. Jede Gemeinde sollte die Pfingstwunder erfahren. Jede Gemeinde sollte Heilungen sehen, wie sie in der Apostelgeschichte beschrieben sind. Das Geschenk ist für alle von uns.«

Eine unmittelbare Reaktion

Als Kathryn am folgenden Abend aufstand, um zu predigen, eilte eine Frau mit erhobener Hand nach vorn. »Kathryn, darf ich etwas sagen?« fragte sie.

Frau Kuhlman, die solche Unterbrechungen nicht gewöhnt war, sagte in ihrer Art, die viele sehr liebgewannen: »Na kommen Sie, meine Liebe, natürlich können Sie etwas sagen.«

»Gestern abend, als Sie predigten, wurde ich geheilt«, sagte sie sanft.

Wohl zum einzigen Mal in ihrem Leben war Kathryn sprachlos. Sie hatte die Frau weder gesehen noch angerührt und schon gar nicht für sie gebetet.

»Wo waren Sie?« schaffte sie es zu fragen.

»Ich saß da im Publikum.«

Kathryn sagte: »Woher wissen Sie, daß Sie geheilt sind?«

»Ich hatte einen Tumor. Mein Doktor hatte ihn diagnostiziert. Während Sie nun beteten, geschah etwas in meinem Körper. Ich war so sicher, daß ich geheilt war, daß ich heute morgen zu meinem Arzt ging und es überprüfen ließ. Der Tumor ist nicht mehr da.«

Die wunderwirkende Salbung war gekommen.

Eine weitere Heilung geschah am darauffolgenden Sonntag, und am folgenden, und am übernächsten, immer weiter. Die Kraft Gottes strömte mächtig durch ihren Dienst, bis er sie im Jahr 1976 zu sich holte.

Nicht jeder von uns ist berufen oder bevollmächtigt, um Heilung zu beten, wie Kathryn es tat. Aber wenn wir bereit sind, Gott alles zu geben, egal, was es uns kostet, wird er unser Leben salben und uns führen, durch die Kraft seines wunderbaren Geistes große Dinge zu tun.

Sind Sie bereit, diesen Preis zu geben? Denken Sie daran: Sie werden dabei nicht verlieren. Was immer Sie loslassen und ihm übergeben, wird er ihnen in viel größerem Maße durch die Salbung zurückgeben, als Sie sich je vorstellen können.

Kapitel 7

Salbung – was ist das?

Man findet in der Bibel unbeschreibliche Lehren und Wahrheiten. Eine davon handelt von der Herrlichkeit Gottes, aber was ist diese Herrlichkeit? Manche denken bei Herrlichkeit an eine innige Erfahrung, die sie gemacht haben – eine Erfahrung, in der Gott ihnen ganz nah zu sein schien. Aber sie müssen sehr nach Worten suchen, wenn sie es erklären wollen.

Die Wahrheit ist: Die Herrlichkeit Gottes ist die Person und Gegenwart Gottes – und diese Herrlichkeit ist der Heilige Geist. Wenn Sie seine Gegenwart erleben – wenn sie von der Erkenntnis überwältigt werden, daß der allmächtige Gott so nah ist, daß Sie ihn fast berühren können – dann erleben Sie die Herrlichkeit Gottes. Sie fühlen die Wärme seiner Liebe, den Trost seines Friedens. Dies ist eine Salbung, in gewisser Weise – eine Salbung, die seine Gegenwart mit sich bringt.

Die wunderbare Erfahrung läßt Sie fragen:»Wer bin ich, daß du, der Schöpfer des Universums, mir gestattest, in deiner Gegenwart zu sein?« Dieselbe Frage stellt der Psalmist David:

»Seh' ich den Himmel, das Werk deiner Finger,
Mond und Sterne, die du befestigt:
Was ist der Mensch, daß du an ihn denkst,
des Menschen Kind, daß du dich seiner annimmst?«(Ps 8,4–5)

Sie sind von Ehrfurcht erfüllt, wenn Sie die Gegenwart und Herrlichkeit Gottes erleben. Wie kann Gott groß genug sein, alles zu schaffen, was existiert, und gleichzeitig klein genug, wenn Sie so wollen, und nah genug, daß Sie – ein Stück Staub, das er angehaucht hat – die Vertrautheit seiner Gegenwart und Liebe erfahren können? Sie fühlen sich, als wären Sie in den Thronsaal des Himmels zu einer Privataudienz bei Gott gebeten worden. Seine Arme scheinen Sie zu umfangen und in seine Liebe einzupacken. Die Nöte der Welt verschwinden.

Aber da ist noch mehr. Mit der Gegenwart Gottes werden auch die Wesenszüge Gottes offenbar. Denken Sie an die Erfahrungen von Mose in Exodus 33, Verse 18 ff.

»Laß mich doch deine Herrlichkeit sehen«, sagte er. Überlegen Sie nur einmal: Er bat darum, Gottes Herrlichkeit zu sehen, er glaubte also, daß man sie erfahren und erkennen konnte.

Und Gott antwortete: »Ich will meine ganze Schönheit vor dir vorüberziehen lassen und den Namen des Herrn vor dir ausrufen. Ich gewähre Gnade, wem ich will, und ich schenke Erbarmen, wem ich will.«

Güte, Gnade und Erbarmen – das alles sollte er in konkreter, sichtbarer Weise sehen. Mit der Gegenwart Gottes sollte sein Wesen kommen – Gottes eigenes Wesen. Sehen Sie einige Verse später, was geschah:

> »Der Herr aber stieg in der Wolke herab
> und stellte sich dort neben ihn hin.
> Er rief den Namen Jahwe aus.
> Der Herr ging an ihm vorüber und rief:
> Jahwe ist ein barmherziger und gnädiger Gott,
> langmütig, reich an Huld und Treue:
> Er bewahrt Tausenden Huld,
> nimmt Schuld, Frevel und Sünde weg,
> läßt aber (den Sünder) nicht ungestraft;
> er verfolgt die Schuld der Väter an den Söhnen und Enkeln,
> an der dritten und vierten Generation« (Ex 34,5–7).

Die Herrlichkeit, oder Gegenwart, kommt und mit ihr auch die göttlichen Wesenszüge: Gnade, Güte, Vergebung, Erbarmen, Schönheit.

Leben verändern sich auf ewig. Der Heilige Geist bringt die Früchte des Geistes, wie sie in Galater 5, Verse 22–23, beschrieben sind. Die Frucht muß gewachsen sein, bevor die Salbung für den Dienst kommen kann.

Dann ist Kraft da

Ja, die Gegenwart Gottes ist seine Herrlichkeit, seine Persönlichkeit, seine Eigenschaften. Der Heilige Geist, Gott, ist eine Person, die sich danach sehnt, Ihnen auf liebevolle Weise diese Gegenwart zu zeigen. Und es ist möglich, jetzt und immer, in dieser Gegenwart zu leben.

Ich möchte, daß Sie diese Wahrheit erleben, daß die Gegenwart des Heiligen Geistes zur Salbung für den Dienst führen kann und sollte. Die Gegenwart muß der Salbung vorausgehen.

Was ist die Salbung? *Es ist die Kraft Gottes.*

Sprechen Sie es laut aus: *Die Salbung ist die Kraft Gottes.*

Einfach? Ja – obwohl wir hier von Kraft sprechen, die alles übersteigt, was ein Mensch je hervorbringen könnte. Es ist die Kraft, die Himmel und Erde geschaffen hat. Es ist die Kraft, die den Menschen schuf. Es ist die Kraft, die Jesus von den Toten auferweckte. Es ist die Kraft, die Jesus zur bestimmten Zeit von der Rechten Gottes auf die Erde zurückbringen wird und alle Dinge neu werden lassen wird.

Ich möchte, daß Sie verstehen: Die Gegenwart Gottes, des Heiligen Geistes, führt Sie zur Salbung des Geistes, die die Kraft Gottes ist, und die Kraft Gottes manifestiert die Gegenwart Gottes. Die Salbung selbst – die Salbung des Heiligen Geistes – kann man nicht sehen, aber die Kraft, ihre Auswirkungen, ihre Manifestation, kann und sollte sichtbar sein. Darum rede ich von einer »greifbaren Salbung«. Das entspricht auch der Lehre Jesu, als er in Johannes 3, Vers 8, mit Nikodemus sprach. Er sagte, daß der Geist bläst wie der Wind, dessen Auswirkungen man also sieht.

Abgesehen von der Erlösungsbotschaft selbst sind mit die explosivsten Worte, die Christus in der Bibel sagte, die in Apostelgeschichte 1, Vers 8:

»Aber ihr werdet die Kraft des Heiligen Geistes empfangen,
der auf euch herabkommen wird;
und ihr werdet meine Zeugen sein
in Jerusalem und in ganz Judäa und Samarien
und bis an die Grenzen der Erde.«

Erstaunlich! Ihr werdet Kraft empfangen – die Salbung, die geistlichen Gaben – wenn der Heilige Geist – seine Gegenwart, seine Person, seine Frucht – über euch kommt.

Sehen Sie? Die Frucht des Geistes, an der es heute in den Gemeinden und Kirchen so sehr mangelt, hängt mit der *Gegenwart* Gottes zusammen.

Und die Gaben und der heilende Dienst Gottes, die wir ebenfalls so schmerzlich vermissen, sind mit der *Kraft* Gottes verbunden.

Gott zerteilt sich nicht

Die Frucht des Geistes, die mit der Gegenwart kommt, entwickelt sich nicht in einem Prozeß, sondern sie kommt augenblicklich. Es gibt keinerlei Grund zur Annahme, daß die Frucht in Ihr Leben eintritt und dann erst »wächst«. Bedenken Sie, es handelt sich hier nicht um *Ihre* Früchte oder Eigenschaften, sondern um *Gottes*. Und er tritt nicht portionsweise in Ihr Leben ein. Genausowenig wächst er in Ihrem Inneren heran. Er kommt in Fülle. Eigenschaften der Gerechtigkeit sollten und können sofort von Ihrem Leben ausstrahlen. Sie bekommen alles von ihm!

Deshalb sollte Ihr Leben seine Früchte tragen, wenn Sie sein Botschafter werden. Sie sollten das Leben eines jeden, dem Sie begegnen, berühren und verändern, denn es braucht mehr als Mut und eine laute Stimme, um ein Botschafter des Evangeliums in der Welt zu sein.

Halten Sie einen Moment inne und denken Sie nach. Seien Sie ehrlich: Ist dies in Ihrem Leben der Fall? Seien Sie ehrlich, wenn nicht, liegt das Problem nicht in der Salbung und der Kraft. Das Problem ist die Gegenwart des Heiligen Geistes. Erleben Sie ihn täglich, in jedem Moment?

Ich bin sicher, daß einige von Ihnen sagen werden:»Na komm, Benny! Es dauert eine Zeit, bis sich die Früchte entwickeln.«

Nein, Sie irren sich. Sehen Sie sich den Apostel Paulus an, der zuvor Saulus hieß. Der Mann wurde auf seinem Weg nach Damaskus vom Geist Gottes zu Boden gezwungen. Er fiel und wurde ein neuer Mensch. Er war ein Mörder gewesen, und sofort nach seinem Erlebnis mit der Gegenwart Gottes, des Sohnes, durch Gott den Heiligen Geist war er kein Mörder mehr. Zuvor hatte er keine echte Erkenntnis von Gott gehabt. Plötzlich aber kannte er Gott und lebte für ihn. Er war sogar bereit, für ihn zu sterben. Er brauchte nicht erst zehn Jahre, um sich zu verändern.

Paulus stand unter der Kraft Gottes und hörte Gottes Stimme. Ezechiel stand unter der Kraft Gottes und hörte Gottes Stimme. Warum? Weil der Herr gegenwärtig war, und er bewirkte Tugend in diesen Männern. Wir finden solche Fälle durch die ganze Schrift hindurch.

Die Stimme Gottes hört man in seiner Gegenwart, und das befähigt Sie unter der Salbung, *Ihre Worte* zu sprechen, die dann auch Wirkung zeigen. Lassen Sie es mich nochmals sagen: Die Gegenwart Gottes bringt *seine* Stimme mit sich, die Gaben Gottes tragen *Ihre* Stimme. Entsprechend sagte Jesus in Apostelgeschichte 1, Vers 8, daß die bevollmächtigten Jünger seine *Zeugen* sein würden. Die Kraft diente dem Dienst, sie erzeugte nicht nur ein schön schauerliches Gefühl.

Kraft von Anfang an

Christen tendieren dazu, nur im Zusammenhang mit dem Neuen Testament über den Heiligen Geist nachzudenken. Das ist ein Fehler. Denn die unwahrscheinliche Kraft des Heiligen Geistes manifestierte sich bereits bei der Schöpfung und viele weitere Male in der Erlösungsgeschichte.

In Genesis 1, Vers 2, wird berichtet, daß Gottes Geist über dem Wasser schwebte, als die Erde noch ohne Form und leer war und Dunkelheit auf ihr herrschte. Der Heilige Geist war bei der Schaffung der Erde gegenwärtig, er war die erste Manifestation Gottes auf der Erde. Er wird immer auch die erste Manifestation in Ihrem Leben sein.

Wenn wir gemeinsam die Kraft des Heiligen Geistes studieren, möchte ich, daß Sie immer im Gedächtnis behalten, wer der Geist ist. Manchmal wird er als Taube gezeigt, aber er ist keine Taube. Manchmal stellt man ihn sich wie eine Flamme vor, aber er ist kein Feuer. Manchmal spricht man von Öl oder Wasser oder Wind, aber auch diese Worte beschreiben ihn nicht genau.

Er ist ein Geistwesen. Aber auch wenn er keine körperliche Form hat, ist er doch eine Person, die realer ist als Sie oder ich. Er ist die Kraft der Gottheit.

Ist es nicht seltsam, daß der Mensch durch die Geschichte hindurch nach Kraft gesucht hat? Heute wie seit jeher bemühen sich Männer und Frauen, ihre eigene Kraft zu präsentieren, anstatt die echteste und größte Kraft anzunehmen, die es gibt. Sie versuchten es zur Zeit, als sie den Turm in Babel bauten (Genesis 11), und sie bemühen sich immer noch darum. Wenn Gottes mächtige Kraft die Erde erschüttert (Hebr 12,26), dann wird die größte menschliche Kraft wie Staub zerfallen.

Die gesamte Kraft aller Kernwaffen zusammengenommen, die es in dieser von Angst erfüllten Welt gibt, die gesamte Kraft aller Fluten und Stürme, die über den Globus hinwegfegen, die gesamte Kraft von Satan und seinen Dämonensklaven sind wie ein Knallfrosch im Vergleich zu der Kraft des allmächtigen Gottes, des Schöpfers Himmels und der Erde.

Nun, das ist die Kraft, mit der unser Herr Sie ausstatten möchte.

Trotz aller Rebellion gegen Gott, die es in unserer Gesellschaft allgemein gibt, hungern Millionen von Menschen wie Sie nach der Realität, die sich in dem realen Gott findet. Das ist der Grund dafür, daß unsere monatlichen Veranstaltungen überall in den Vereinigten Staaten Massen von Menschen anziehen. Wenn wir zum Beispiel ungefähr fünfzehntausend begeisterte Gläubige unterbringen, sind da immer noch zirka viertausend, die wir enttäuscht wegschicken müssen. Sie sehen, Gott hat beschlossen, mit außergewöhnlicher Kraft in unserer Zeit zu wirken, er ehrt die Predigt des Evangeliums mit Zeichen und Wundern, wie er es in der Schrift ankündigte. Wir befinden uns offensichtlich in einer sehr bedeutsamen Zeit in der Geschichte, und wir – alle von uns – brauchen die Salbung des Heiligen Geistes, um die Aufgaben zu erfüllen, zu denen er uns beruft.

Kapitel 8

Das müssen Sie haben

Die Salbung ist ein Muß, wenn Sie von Gott gebraucht werden wollen, egal in welcher Position Sie sich befinden. Sie bringt eine größere Verantwortung mit sich als die Gegenwart Gottes an sich, aber ohne Salbung kommen Sie nicht zurecht.

Sie können seine Gegenwart erleben, sie können regelmäßig Gemeinschaft mit ihm haben oder mit ihm gehen, ohne überhaupt einen Dienst zu haben. Aber in dem Moment, in dem Sie in den Dienst treten, brauchen Sie Kraft, um gegen Dämonen, Krankheit und die Mächte der Hölle zu kämpfen. Egal wie Ihre spezielle Berufung aussieht, Sie brauchen die Kraft der Salbung, um diese Berufung zu erfüllen. Ohne sie werden Sie nie vollbringen, was Gott von Ihnen möchte.

Ich übertreibe hier nicht. Die Salbung ist ein Muß, wenn Sie eine Berufung haben, Gott zu dienen. Ohne Salbung wird es kein Wachstum, keinen Segen und keinen Sieg in Ihrem Dienst geben.

Sie sehen: So hart es klingt – ich kann die Gegenwart Gottes in meinem Leben erfahren, und ich würde sie gegen nichts eintauschen wollen –, und ich kann hinter einem Rednerpult stehen und dienen. Aber wenn keine Kraft da ist, werde ich der einzige sein, dem das etwas bringt. Die Leute werden absolut nichts sehen. Ja, sie werden vielleicht seine Gegenwart spüren, aber das sollten wir als Christen alle. Es wird keine Lebensübergaben, keine Heilungen, keine Siege über Dämonen geben. Die Kraft ist das, worauf es ankommt.

Denken Sie daran, wie ich Jesu Worte vor seiner Himmelfahrt betonte: »Ihr werdet die Kraft des Heiligen Geistes empfangen, der auf euch herabkommen wird; und ihr werdet meine Zeugen sein.« Nachdem die Kraft des Geistes kam, wurden dreitausend errettet, dann weitere fünftausend, und schließlich wurde ganz

Jerusalem ergriffen. Das ist die Kraft, die Sie haben müssen, wenn Sie Gott, auf welche Weise auch immer, dienen. Im Zusammenspiel mit der Gegenwart Gottes wird sie das größte Plus in Ihrem Leben sein, das Sie haben können.

Wenn ich hinter ein Rednerpult trete, sage ich jedesmal: »Herr, bitte salbe mich heute, sonst werden meine Worte leblos sein«, und ich weiß jenseits jeden Zweifels, daß, wenn Gott nicht beschlossen hätte, mich mit seiner Kraft zu bekleiden, ich keine Gemeinde hätte. Es würde sich kein Leben verändern, keine Seele würde gerettet, kein Leib würde geheilt.

Es wird zunehmen

Wenn Sie nun mit der Salbung, die Gott Ihnen schenkt, vorangehen, wird er Ihnen mehr und mehr anvertrauen. Sehen Sie, die Gegenwart Gottes, die 1973 in Toronto auf mich kam, hat sich nicht verändert. Es ist immer noch dieselbe Gegenwart. Es ist immer noch dieselbe wunderbare Vertrautheit. Es ist wahr, daß Sie Gott immer näherkommen, weil Sie ihn immer besser kennenlernen und er Sie lehrt, aber es ist immer dieselbe Gegenwart.

Im Gegensatz dazu wird die Salbung wachsen. Er gibt Ihnen ein wenig und beobachtet Sie dann. Dann gibt er Ihnen mehr. Aber bevor er Ihnen mehr gibt, müssen Sie weitere Lektionen lernen, weitere Kämpfe kämpfen.

Jedesmal, wenn die Salbung in meinem Leben zunimmt, gehe ich durch eine Zeit, in der ich neue Dinge über ihn und seine Wege lerne – warum geschah dies, warum geschah jenes nicht? Ich erlebe, daß das Wachsen nie aufhört, und das begeistert mich sehr.

In meinem Fall war es so, daß ich zwischen 1974 und 1980, mit meinem eigenen Dienst in Kanada und auch mit dem Dienst der Kathryn Kuhlman-Stiftung, vor allem lernte, daß die Salbung völlig von meinem Gehorsam abhängig ist. Und das ist absolut zentral. Die Salbung, die Kraft, kommt durch Gehorsam. Was tun

Sie mit einem kleinen Stück, das er Ihnen gibt? Gehorchen Sie, und es wird wachsen. Sind Sie ungehorsam, verschwindet es. Ein gutes Beispiel dafür trug sich zu Anfang meines Dienstes in Kanada zu. Ich saß vor einem Gottesdienst da und wußte, ich wußte einfach, daß Gott etwas Neues in meinem Dienst tun wollte. Irgendwie wußte ich, daß ich nicht fragen sollte, was das war. »Frag mich nicht«, war alles, was ich hörte.

Im Verlauf des Gottesdienstes legte ich meine Hände auf eine Person, die Hilfe brauchte, und nichts geschah. Eine zweite Person kam nach vorne, und nichts geschah – keine fiel durch die Kraft zu Boden, nichts. Nach der dritten Person war ich bereits mit meinen Nerven am Ende.

Dann spürte ich ein Flüstern in mir: »Sag: Die Kraft des Geistes durchdringt dich.«

»Warum sollte ich das sagen?« Die vierte Person, nichts. Dann die fünfte, nichts. Und immer noch kam in meinem Inneren der Vorschlag: »Sag: Die Kraft des Geistes durchdringt dich.«

Endlich begann ich zu begreifen. »Herr, bringst du mir etwas Neues bei?«

»Beginne zu tun, was ich dir sage«, antwortete er.

Schließlich kam die nächste Person nach vorn, und ich sagte: »Die Kraft des Geistes durchdringt dich.« Peng! Schon lag er auf dem Boden. Beim nächsten war es dasselbe; der nächste, und der nächste.

»Was ist jetzt los?« fragte ich mich.

Endlich wurde mir klar, daß die Salbung von meinen Worten abhing. Gott wird nicht wirken, solange ich nichts sage. Warum? Weil er uns zu seinen Mitarbeitern gemacht hat. Er hat die Dinge so eingerichtet.

Diese Lektion ging damals weiter. Zu jener Zeit wurden Menschen geheilt, aber nicht, während sie noch auf ihren Stühlen saßen. Sie mußten nach vorn kommen, und ich mußte meine Hände auf sie legen, bevor die Heilung kam. Aber eines Tages hörte ich eine innere Stimme: »Weise die Krankheit öffentlich in ihre

Schranken.« Ich sprach mit Gott in ähnlicher Weise darüber, wie oben beschrieben, und schließlich sagte ich laut:»Ich wehre jeder Krankheit an diesem Ort in Jesu Namen.«

Der Herr sagte in meinem Inneren:»Sag es noch einmal.«

Ich gehorchte:»Ich wehre jeder Krankheit an diesem Ort in Jesu Namen.«

»Nochmal«, sagte er.

Also sagte ich es ein weiteres Mal. Dann geschah etwas Unglaubliches. Sofort wußte ich, daß jemand auf der Empore geheilt wurde, und ich sagte es, wie ich es gerade hörte:»Gerade wird jemand an Hüften und Beinen geheilt.«

Lange Zeit kam keine Antwort, bis schließlich eine Frau nach vorn kam und sagte, daß sie in dem Moment, als ich es gesagt hatte, geheilt worden war.

Von diesem Punkt an begann ich zu lernen, daß die Salbung nicht fließt und nichts bewirkt, wenn ich Angst habe. Mut ist ein Muß. Ich muß die Waffen gebrauchen, die er mir gegeben hat, seine Worte und seinen Namen. Er sagte:»Tut es in meinem Namen!«

Was noch wichtig ist: Diejenigen, die versuchen, die Waffen ohne seine Gegenwart und ohne seine Salbung in seinem Namen zu gebrauchen, sind Narren. Wer verkündet:»Durch seine Wunden bin ich geheilt« und nicht seine Gegenwart hat, der verschwendet seine Zeit.

Ich möchte es noch einmal sagen: Die Gegenwart kam in mein Leben, und ich hatte Gemeinschaft mit Gott, als ich jenes Jahr allein mit dem Heiligen in meinem Zimmer in Toronto verbrachte. Er half mir, tröstete mich und lehrte mich. Nach einer Weile gab er mir die Autorität, die Kraft, sein Wort zu erfüllen:»In meinem Namen werden sie böse Geister austreiben«,»In meinem Namen werden sie den Kranken die Hände auflegen und sie werden gesund«,»In meinem Namen«.

Ich sprach und handelte nicht in Unwissenheit, sondern wissend und gehorsam. Ich kannte ihn und gehorchte ihm. Das ist alles. Wenn sie eine Beziehung zu ihm haben und sich seinen

Geboten unterordnen, dann wird die Kraft seines Namens in Ihrem Leben wirksam. Wenn nicht, werden die Dämonen über Sie lachen. Nein, Sie müssen im Dienst Gottes im Einklang mit seinem Willen sein, wenn Sie die Kraft Gottes erhalten wollen.

Natürlich gab es Zeiten, in denen ich dachte, daß Gott eine bestimmte Richtung eingeschlagen hatte, und es war gar nicht der Fall. Ich ging den falschen Weg und fiel jedes Mal auf die Nase. Aber ich kehrte schnell um, fand den richtigen Weg, und die Salbung kam wieder.

Das Prinzip des starken Mannes

In den 80er Jahren lernte ich weiter. Ich war bei dem Heilungs-evangelisten Reinhard Bonnke, der einen unglaublichen Dienst in Afrika hat, und seinen Mitarbeitern, die Gott in Vollmacht dienten. Ich lernte eine Menge von ihnen, und ich bin immer noch dabei zu lernen.

Beispielsweise hörte ich Bonnke eines Tages ausrufen:»Du Teufel der Blindheit, ich befehle dir in Jesu Namen herauszukommen!«

»Was ist das?« dachte ich. Ich hatte noch nicht einmal gewußt, daß es einen Teufel der Blindheit gab. Ich konnte mich auch nicht entsinnen, daß in meinen Gottesdiensten Blinde geheilt worden waren, aber bei ihm geschah das ständig.

»Mann«, dachte ich bei mir, »ist das wahr?«

So probierte ich so einen Befehl in meinen Gottesdiensten aus, und mehr Blinde wurden sehend, als ich es mir je hätte vorstellen können.

Ich intensivierte mein Bibelstudium noch mehr. Dabei lernte ich, daß Gott immer mit »den Starken« zu tun hatte. Er kümmerte sich nicht um kleine Dämonen, sondern verfolgte die großen – die Prinzen, die über die einfachen Dämonen herrschten.

In unseren Versammlungen zeigt mir Gott oft einen Starken, und ich spreche ihn direkt an:»Du Geist der Gebrechlichkeit« –

»Du Geist des Todes«. Und in diesen Momenten geschehen Wunder. Die Kraft ist unglaublich, wenn ich die Starken anspreche und befehle:»Im Namen Jesu, laß die Menschen los!« Man kann es richtig hören, wie Kraft durch den ganzen Saal fließt.

Es gab Leute, die aufschrien, völlig überrascht von dem Moment, in dem sie befreit und geheilt wurden.

Auf diese Weise lernte ich mehr und mehr über die Salbung. Und hier kommen wir auf unsere Bibelkenntnis zu sprechen. Die Salbung hängt vom Gehorsam ab, aber ebenso ist eine gründliche Kenntnis des Wortes Gottes ein Schlüssel zu diesem Gehorsam. Denn je mehr Sie über Gott wissen, desto mehr können Sie ihm und seiner Kraft vertrauen.

Oft denke ich an Kathryn Kuhlmans Fragen:»Kennst du ihn wirklich? Weißt du, was ihn betrübt? Weißt du, was ihm Freude macht?« Und ich glaube, ich kann ihr antworten:»Ja, Kathryn, ich glaube wirklich, ich kenne ihn.« Aber ich kenne ihn noch nicht ganz; ich bin noch dabei zu lernen. Ich glaube auch nicht, daß das Lernen je aufhört, und ich bin sicher, daß es Ihnen genauso geht.

Mehrere Male war ich an einem Punkt, wo ich sagte:»Jetzt hab' ich es!«, und dann hat er wieder etwas ganz Neues. Er ist voller Überraschungen. Er wird die Dinge eine Zeitlang auf die eine Weise tun und die Salbung fließen lassen, und dann wählt er einen ganz anderen Weg – allerdings natürlich nie im Widerspruch zu seinem Wort.

Lachen in Lissabon

Während eines Gottesdienstes in Lissabon lernte ich etwas über Gott, das mich bis heute staunen läßt. Ich begegnete einer vierzig- bis fünfundvierzigjährigen Frau, einer typischen Mama, mit Tuch um den Kopf, sehr still und wenig Gefühl zeigend. Ich begann für sie zu beten, und in dem Moment, als ich sie anrührte, fiel sie unter der Kraft des Geistes hin und fing fürchterlich an zu lachen. Ihr

Gesicht wurde sofort rot, und sie lachte und strahlte – aber es war nicht peinlich, sondern wunderschön.

Dann begann sie, sich in Verzückung auf dem Boden hin und her zu wälzen, sie war völlig verwandelt. Diese normale Frau, die mit beiden Beinen im Leben stand, still, mit unbewegtem Gesicht, ohne Make-up, brach dort in das schönste Lachen aus, das ich je gehört hatte.

Und sie wälzte sich hin und her, hin und her. Ich wies meine Helfer an, sie nicht anzurühren; ich war so berührt, ich wollte sie beobachten und etwas Neues über den Heiligen Geist lernen. Ich war sicher, daß die ganze Begebenheit zu schön war, als daß sie aus menschlicher Initiative hätte geschehen können. Ich wollte sie am liebsten unterbrechen und fragen:»Was geschieht mit Ihnen?«, aber ich konnte es nicht. Sie war in so großer Verzückung.

Als sie sich schließlich beruhigte, konnte sie nicht reden; sie war einfach überwältigt. Endlich sagte sie mit Hilfe eines Dolmetschers:»Es war unbeschreiblich.« Wie gerne hätte ich in diesem Moment Portugiesisch gesprochen, dann hätte ich noch mehr erfahren können.

Gott lehrte mich an jenem Tag etwas Neues. Ich hatte schon Kathryn Kuhlman über das»Lachen im Geist« reden hören, aber ich hatte es noch nie selber gehört. Seit dieser Lektion habe ich es aber oft in meinem Dienst erlebt. Und wenn es nicht aus menschlicher Initiative geschieht, was übrigens sehr häßlich ist, dann ist es ein vollkommenes Beispiel für Verzückung. Ich habe mich selbst sehr danach gesehnt, daß Gott es einmal mit mir geschehen lassen würde, denn er ist wirklich wunderbar in seiner großen Liebe zu seinem Volk.

Gott ist der Chef

Wie ich schon sagte, wuchs mein Dienst 1990 sehr stark, als Gott mir sagte, ich solle monatliche Veranstaltungen mit Wundern als

Erweis seiner Kraft im ganzen Land durchführen, zusätzlich zum Verkündigungsdienst im Orlando Christian Center.

Es gab viele außergewöhnliche Begebenheiten. Eines, was bei jeder Veranstaltungsreihe zu geschehen scheint – gewöhnlich während der Lehrveranstaltung am zweiten Morgen – ist Gottes Aufforderung, die Leute zur Ruhe zu bewegen, die Augen zu schließen und die Hände zu erheben. Gott sagt zu mir: »Sag ›jetzt‹, und ich werde sie anrühren.« Das ist alles, was er mir sagt: »Sag ›jetzt‹.«

Es ist erstaunlich! Ich tue es, und sofort hört man Seufzer und sogar Schreie, während die Kraft auf die Menschen fällt. Ich öffne die Augen, und konstant zwei Drittel von zehntausend oder mehr Menschen, die da sind, brechen auf dem Boden zusammen. Heilungen aller Art geschehen, und Gott offenbart sich auf vollmächtige Weise.

Der Heilige Geist hat seine Frische auch auf andere Weise über uns ausgegossen. Zum Beispiel bemerkte ich, daß Gott Atheisten heilte. Er rührte Protestanten, Katholiken, Pfingstler, Nicht-Pfingstler, Charismatiker, Nicht-Charismatiker, jeden, an – sogar jene, die sich meiner Meinung nach nicht bekehrt hatten oder nicht für Gott lebten oder ähnliches.

Offensichtlich muß ich lernen und mir merken – wie jeder andere auch –, daß wir Gott nicht einschränken können. Wir können ihm nicht vorschreiben, wer Wunder erleben soll und wer nicht. Und unsere Liebe muß genauso umfassend sein wie die seine.

Ich fragte einmal einen bekannten Gottesmann, warum Ungläubige geheilt wurden, und er fragte: »Wen hat Jesus geheilt?«

Ich hatte keine Antwort als: »Sie haben recht. Er heilte Ungläubige.«

So habe ich gelernt – wieder neu gelernt – daß wir es mit der Gnade Gottes zu tun haben, nicht mit unseren eigenen Werken. Wenn er jemandem Gnade erweisen will, der vielleicht nur aus Neugier oder um zu spotten zu einer meiner Veranstaltungen kommt, kann ich nur sagen: »Ich lerne immer noch.«

Kapitel 9

Drei Salbungen

Aus der Schrift können wir entnehmen, daß es drei Salbungen des Heiligen Geistes gibt.

Die Salbung des Aussätzigen

Zuerst kommt, was ich als *die Salbung des Aussätzigen* bezeichne. Das Buch Levitikus, Kapitel 14, schildert, daß im Volk Israel ein Aussätziger außerhalb des Lagers bleiben mußte und daß der Priester zu ihm gehen und das Opferblut anwenden sollte, ihn in das Lager zurückbringen, wieder das Opferblut anwenden und ihn dann mit Öl salben sollte, um für ihn »vor Gott zu bezahlen«.

Jeder erlöste Christ hat die Salbung des Aussätzigen erlebt, denn sie steht für unsere Erlösung. Die Salbung des Aussätzigen bedeutet hier, daß eine Art von Krankheit, die in der natürlichen Welt unheilbar ist, von Gott geheilt werden kann. Mit der Sünde ist es dasselbe; der Mensch kann nichts tun, um sie und ihre Auswirkungen zu beseitigen.

In der rituellen Reinigung im Alten Testament wurde das Blut der Opfertiere versprengt. Im Neuen Testament sehen wir, daß die einzige Heilung für Sünde, damals wie heute, das Blut Jesu Christi ist. Die Tieropfer in Levitikus waren nur quasi eine Vorschau auf das vollkommene Opfer des Lammes Gottes. Sie waren ein Schatten, Jesus war die Substanz.

In Johannes 1,29 sieht der Täufer Johannes Jesus kommen und erklärt: »Seht, das Lamm Gottes, das die Sünde der Welt hinwegnimmt.« Für die, die ihn kennenlernten, war Jesus das Lamm Gottes. Jesus war das einzige Opfer, das für die Sünde der Welt aufkommen konnte.

In der rituellen Reinigung in Levitikus wurde erst das Blut versprengt, dann das Öl. Die Anwendung des Opferblutes steht symbolisch für das Blut Christi, die Anwendung des Öls ist symbolisch für die Anrührung und den Einfluß des Heiligen Geistes auf ein Leben.

Genau wie das Blut Jesu Christi zu allen Menschen fließt, die seinen Namen anrufen, so überwindet die Salbung des Aussätzigen alle nationalen und konfessionellen Grenzen. Denn wenn jemand die Gnade Jesu Christi erlebt, dann ist es der Heilige Geist, der ihn von seiner Sünde überführt und ihm auch die Vergebung Gottes zusichert.

So erleben Sie bei Ihrer Erlösung eine erste Salbung – die Salbung des Aussätzigen –, sie offenbart die Kraft des Blutes durch das Salböl, das sich auf sie ergießt.

Die priesterliche Salbung

Als Gläubige, die durch das kostbare Blut Christi gereinigt, erlöst und mit dem Heiligen Geist versiegelt worden sind, können und sollten Sie sich auch mit einer zweiten Art von Salbung beschäftigen: Ich nenne sie *die priesterliche Salbung*. Viele Gläubige wissen nichts über dieses Handeln des Heiligen Geistes in ihrem Leben, und sie wissen deshalb auch nicht, wie man diese Salbung empfangen kann. Wenn Sie zu dieser Gruppe gehören, wenn Sie keine Anzeichen einer solchen Segnung sehen können, dann lesen Sie weiter, und Sie werden Gottes zusätzliche Kraftsalbung entdecken und erleben.

Ich muß die Wichtigkeit dieses Schrittes betonen, denn jedes Glied des Leibes Christi sollte einen Dienst haben. Hier geht es um die Salbung zum Dienst für Gott, Menschen zu ihm führen und ihm als Priester zu dienen. Es geht hier nicht um den Kampf gegen Teufel und Krankheit. Denn wir sind alle Priester Gottes, selbst wenn wir nicht berufen sind, hinter der Kanzel zu stehen oder evangelistische Veranstaltungen oder Heilungsgottesdienste durchzuführen. Als Diener Gottes also brauchen wir die Kraft des Geistes, die uns zu diesem Dienst befähigt. Und das bedeutet, daß wir im Heiligen Geist getauft werden müssen. Das ist die priesterliche Salbung des Heiligen Geistes auf uns. Ohne sie werden wir nur wenig erreichen.

Außerdem – und das ist wichtig – wird die priesterliche Salbung durch ein Leben in Einheit im Leib Christi offenbar. Nur zu oft bin ich selbsternannten »Gesalbten« begegnet, die wie einsame Wölfe leben. Sie denken, »ihre« Berufung, »ihr« Dienst sei so außergewöhnlich, daß sie den Leib Christi übersehen. Und damit übersehen sie Gott.

Wo die echte priesterliche Salbung erlebt wurde, folgen Einheit und Harmonie. Denken Sie an Psalm 133: »Seht doch, wie gut und schön ist es, wenn Brüder miteinander in Eintracht wohnen. Das ist wie köstliches Salböl, das vom Kopf hinabfließt auf den Bart, auf Aarons Bart, das auf sein Gewand hinabfließt.«

Es gibt keine private priesterliche Salbung; so, wie die Gemeinde Jesu als ein Leib funktioniert, so wirkt auch die priesterliche Salbung durch Einheit.

Am Pfingsttag waren laut dem Bericht in der Apostelgeschichte einhundertzwanzig Menschen im Obergemach versammelt – sie waren alle eins, und der Heilige Geist kam mit Feuer und Kraft auf sie herab. Sie gingen hinaus, dienten dem Herrn und gaben der versammelten Menschenmenge Zeugnis von ihm. Dreitausend Menschen wurden gerettet! Welch eine Salbung! Gott war eindeutig gegenwärtig.

Diese priesterliche Salbung ist keine einmalige Salbung wie die Salbung des Aussätzigen. Unter dem Alten Bund wurden die Priester jeden Tag mit Öl gesalbt. Dasselbe gilt auch unter dem Neuen Bund. Sie brauchen die tägliche Salbung durch den Heiligen Geist.

Die priesterliche Salbung bringt die Gegenwart, die Freundschaft und die Gemeinschaft des Heiligen Geistes mit sich. Wir erleben offenbarende Erkenntnis. Durch die Salbung des Aussätzigen lernen wir Gott auf außergewöhnliche und wunderbare Art und Weise kennen, und wir erkennen unser völliges Bedürfnis nach Jesus Christus. Aber viel mehr verstehen wir eigentlich nicht.

Es macht mich traurig zu sehen, daß viele Christen aus eigenem Entschluß sich mit der »Salbung des Aussätzigen« zufriedengeben. Sie suchen nicht nach mehr. Sie liefern ihm einfach nicht alles aus. Ihre Ohren sind taub; sie hören Gottes Stimme nicht.

Und die Bibel berichtet klar, daß Jesus sagte: »Meine Schafe hören meine Stimme.« Wenn Sie wirklich eines seiner Schafe sind und die priesterliche Salbung empfangen haben, dann kennen Sie seine Gegenwart und hören die sanfte Stimme Gottes regelmäßig. Dies ist aber keine einmalige Erfahrung; sie muß erneuert werden.

Manchmal wird Gott Ihnen unglaubliche Wahrheiten offenbaren; andere Male wird er Sie nur spüren lassen, wie sehr er Sie liebt. Vielleicht wird er Sie in einer bestimmten Sache lehren oder zurechtweisen; vielleicht wird er Ihnen eine bestimmte Bibelstelle ins Auge fallen lassen, während Sie sein Wort lesen.

Auch wenn Sie vielleicht selten oder nie eine hörbare Stimme vernehmen, hat Gott doch Wege, wie er zu Ihnen sprechen kann. Gottes regelmäßige Kommunikation hängt nicht davon ab, wie laut er spricht, sondern davon, wie gut Sie hinhören. »Wer Ohren hat, der höre!« heißt es in Matthäus, Kapitel 11, Vers 15. Sie müssen sich jeden Tag Zeit nehmen, vor Gott still zu werden, damit Sie seine leise, sanfte Stimme hören können. Wenn Sie in der Bibel lesen, Gemeinschaft mit dem Heiligen Geist haben und zuhören, werden Sie diese tägliche Erfrischung erleben, die Ihr Herz voll Liebe zu Ihrem Meister entbrannt hält.

Die Salbung des Aussätzigen (Erlösung) ist eine einmalige Erfahrung und kann nicht verlorengehen, es sei denn, Sie lassen sie willentlich hinter sich. Gott wird Sie nie gehen lassen, solange

Sie ihn nicht gehen lassen. Sie müßten sich dann entscheiden, lieber zu sterben, als gerettet zu werden.

Die priesterliche Salbung (die Gegenwart) andererseits kann verlorengehen: Wenn Sünde in Ihr Herz kommt, verschwindet sie. Darum muß sie täglich erneuert werden; sie wird Sie in die Gegenwart Gottes bringen – so nah, so real, daß Ihnen die Tränen kommen werden.

Die königliche Salbung

Wenn Sie einmal die Salbung des Aussätzigen erlebt haben und weiter zur priesterlichen Salbung fortgeschritten sind, bleiben Sie nicht dabei stehen! Diese Salbungen sind wichtig und wunderbar, aber es gibt noch mehr.

Nichts ist vergleichbar mit der *königlichen Salbung*, der mächtigsten der Salbungen. Sie erhebt eine Person zu einer Position hoher Autorität im Wort, sie gibt ihr Autorität über Teufel und die Macht, mit einem Wort Dämonen zu vertreiben. Nur diese Salbung wird Ihnen die Kraft verleihen, die Feinde Gottes in die Flucht zu schlagen, wie Paulus es tat.

Die königliche Salbung ist am schwierigsten zu empfangen. Die »Salbung des Aussätzigen« kommt, indem sich ein Mensch *zu Jesus bekehrt*, die priesterliche Salbung durch *Gemeinschaft mit Jesus*. Die königliche Salbung durch *Gehorsam gegenüber Jesus*.

Wenn Sie das *Rhema*-Wort Gottes nur für einen Moment hören, wo er sagt: »So spricht der Herr«, empfangen Sie die königliche Salbung. Sehen Sie, es gibt das *Logos*, das geschriebene Wort – die Bibel. Aber das *Logos* bewirkt nicht die königliche Salbung, obwohl das *Logos* absolut wichtig ist, seinen Platz im Himmel hat und auf ewig wahr ist.

Wachstum durch Veranstaltungsreisen

Diese Salbung erhielt ihre größte Bedeutung in meinem Leben, als Gott mich 1990 anwies, eine monatliche Veranstaltungsreise im Land durchzuführen, die auch heute noch stattfindet. Ich habe einfach gehorcht, und die königliche Salbung dafür war da. Ich durfte ein schnelles Wachstum erleben. Ich weiß, daß die größere Salbung direkt auf Gehorsam zurückzuführen ist.

Ich hatte sie vorher gekannt, aber bei den Veranstaltungsreisen empfing ich sofort die Kraft, um Geister der Krankheit und Gebrechen auszutreiben. Auch erhielt ich genaue Weisung, was der Heilige Geist unter den zwölf- bis fünfzehntausend Menschen, die allabendlich kamen, tat. Hunderte von ärztlich bestätigten Heilungen und viele tausend Bekehrungen fanden statt, Menschen standen aus ihren Rollstühlen auf und warfen ihre Krücken weg. Mehrere Blinde und Taube wurden nachweislich geheilt.

In einer Veranstaltung in Tulsa in Oklahoma wurde eine Frau aus Oklahoma City im Rollstuhl von einer Krankheit, die als Wirbelsäulenleiden mit Zentralnervenbeschädigung und Knochenverformung beschrieben wurde, geheilt, während sie auf der Bühne vor Tausenden von Leuten saß. Sie berichtete, daß ihre Ärzte in Oklahoma City ihr gesagt hatten, sie werde aufgrund der Nervenbeschädigung nie wieder gehen können. Bei einer Nachuntersuchung einige Zeit später sagte sie, ihr ginge es gut und sie brauche keinen Rollstuhl mehr.

Ebenfalls in Tulsa, wo die Kraft Gottes sehr stark wirkte, wurde eine Frau aus Hobbs in New Mexico von chronischer Leukämie, die ein Arzt in Albuquerque diagnostiziert hatte, geheilt. Ihr wurde schriftlich bestätigt, daß die Leukämie verschwunden ist.

In meiner täglichen Fernsehsendung – ein Impuls Gottes, den ich zur selben Zeit erhielt wie den Impuls, die Veranstaltungsreisen durchzuführen – zeigen wir Ausschnitte aus den verschiedenen Veranstaltungen und beten auch direkt für Menschen. Eine Dame aus Las Vegas, bei der man Leukämie diagnostiziert hatte, wurde beim Anschauen der Sendung geheilt. Ihre Heilung wurde ihr von ihrem Arzt bestätigt, der sagte, er habe so etwas noch nie gesehen, und ihre Versicherungsgesellschaft erniedrigte sogar ihre Beitragsrate, als sie von der Heilung hörte.

Und so geht es weiter: In Portland, Oregon, wurde eine Frau aus Milwaukee von einer schweren allergischen Erkrankung geheilt, ihr Arzt bestätigte das Wunder. In Spartanburg, South Carolina, wurde eine Frau von einer schweren Krankheit im Brustraum geheilt, mit Bestätigung ihres Arztes.

Und das alles tut Gott bis in jede Einzelheiten hinein. Alle Ehre und aller Lobpreis gebühren ihm.

Mit mir geht bezüglich der Salbung immer eine Veränderung vor, wenn ich bei diesen Veranstaltungen hinter das Rednerpult trete. Ich weiß um seine Gegenwart, wenn ich hingehe, genauso wie ich sie morgens im Hotel und den ganzen Tag hindurch spüre. Aber wenn ich auf die Bühne gehe, ist es, als fiele eine schwerere Salbung, ein »dickerer Mantel« auf mich.

Vor dem Gottesdienst bete ich vielleicht für eine Person, und sie fällt unter der Kraft des Heiligen Geistes, aber wenn ich als Diener Gottes auf die Bühne trete, bereit zu kämpfen, dann ist da eine ehrfurchtgebietende Gegenwart und Kraft, die viele hundertmal stärker ist.

Dann fühlt sie nicht mehr nur der kleine Benny Hinn. Seine heilige Kraft wird offenbar – die Kraft des allmächtigen Gottes.

Ich erkannte die Größe Gottes neu bei diesen Veranstaltungen, als Gott, wie er es verheißen hat, die Verkündigung des Evangeliums mit Zeichen und Wundern begleitete. Ich erlebte auf überraschende Weise, wie ein einfacher Wink mit dem Arm so viel Kraft verbreitete, daß Menschen unter der Salbung zu Boden fielen. Oft blies sogar ein einfaches Atmen die Menschen um wie Streichhölzer. In jedem Fall, in dem Gottes Kraft auf ungewöhnliche Weise offenbar wurde, bemerkte ich eine gewisse Taubheit auf meiner Hand.

Ich weiß, daß diese Taubheit nicht die Kraft selbst, aber ein Resultat dieser Kraft war. Genausowenig war das Fallen der Menschen die Kraft, sondern lediglich die offensichtliche Auswirkung dieser Kraft.

Ich war erstaunt und erkannte mehr denn je die Kraft der Salbung des Heiligen Geistes, die die Menschen von der Realität Gottes auf eine Weise überzeugte, die ich bis dahin noch nicht erlebt hatte.

Einige Beispiele aus Houston

Gloria Slosser, die Frau eines guten Freundes, die Gott als Vater, Sohn und Heiligen Geist schon Jahre kannte und ihm diente, saß in der ersten Reihe von 12 500 Menschen. Sie war noch nie vom Geist Gottes umgeworfen worden, aber sie glaubte fest an solche Dinge.

Als ich den Impuls bekam, ich solle winken oder mit meinen Bewegungen die Salbung über sie »werfen«, tat ich es, und Gloria fiel, mit zehn weiteren Stuhlreihen, unter der Kraft zu Boden. Sie berichtete später, daß es ein wunderbarer, fröhlicher und glücklicher Moment gewesen sei, als sie sich auf besondere Weise ihres Gottes bewußt wurde.

Einige Minuten darauf kamen mehrere hundert Menschen nach vorne, die sich dem Herrn auf tiefe Weise hingeben wollten. Gloria war unter ihnen, sie stand ungefähr in der achten Reihe. Eine innere Stimme sagte mir: »Hauche.« Das war alles. »Hauche.« Also blies ich ins Mikrofon, und Hunderte fielen um, einschließlich Gloria.

Sie umschrieb es später als »etwas, das man nicht mit Worten beschreiben kann, aber es war sehr gut« – es brachte ein großes Bewußtsein der Gegenwart Gottes mit sich. Später machte sie eine interessante Beobachtung über diese beiden Begebenheiten:

»Ich dachte, die Menschen würden von vorne nach hinten umfallen, und ich würde wie durch einen Domino-Effekt mit umgeworfen. Aber so war es nicht. Die Leute fielen zuerst hinten um, man wurde nicht einfach umgeworfen. Als ich fiel, fiel ich auf eine Frau hinter mir, und sie sagte schnell: ›Stehen Sie auf; stehen Sie auf.‹ Alles, was ich sagen konnte, war: ›Ich kann nicht, ich kann nicht.‹ Meine Knie waren viel zu zittrig.

Außerdem«, sagte sie, »konnte ich nicht aufhören zu lächeln. Auf dem ganzen langen Weg zurück zum Hotel lächelte ich vor mich hin. Was für eine Freude!«

Manche haben mich gefragt, was ich zu tun versuche, wenn ich meinen Arm erhebe oder wenn ich ins Mikrofon hauche. Ich habe nur eine Antwort:»Gott hat mir gesagt, ich soll es tun, und ich weiß, daß es besser ist zu gehorchen.«

Ich möchte Ihnen von einer anderen Begebenheit in Houston erzählen, die sich ähnlich auch verschiedene Male an anderen Orten zugetragen hat, aber in diesem Fall war sie besonders eindrücklich. Während wir noch sangen und im Lobpreis waren, brachte ich ein Paar auf die Bühne, das eine bestimmte Not hatte. Als sie dastanden, sangen Steve Brock und ich gerade » . . . Name über alle Namen«, und dann stimmte der Chor in den Refrain ein, in dem es heißt:»Ich bin Jaweh. Ich bin, der ich bin.«

An diesem Punkt fiel dieses gutaussehende Paar, das sich etwa einen Meter von uns entfernt befand, unter der Kraft des Geistes zu Boden. Keiner hatte sie angerührt. Gott hatte es direkt getan, ohne einen seiner menschlichen Diener zu benutzen. Warum? Dieses Paar brauchte eine Versicherung, daß ihr wunderbarer Erlöser gegenwärtig war.

Mir begegnen solche Dinge überall im Land, wenn Menschen die Liebe und Kraft Gottes erleben.

Es geschieht auch zu Hause

In meiner Gemeinde, dem Orlando Christian Center, legen wir große Betonung auf Lehre und Lobpreis. Aber von Zeit zu Zeit, oft völlig unerwartet, offenbart Gott seine Kraft auf spektakuläre Weise.

Kürzlich betete ich an einem Sonntagabend für einige Prediger. Dabei drehte ich mich plötzlich völlig grundlos um und erblickte eine Dame in einem elektrischen Rollstuhl. In mir sagte eine Stimme: »Geh und bete für sie – *jetzt!*« Es war wie ein kleiner Klaps – *jetzt!*

Ich sprang von der Bühne – und ich bin sicher, daß sich jeder fragte, wo ich hin wollte. »Da geht unser Pastor mal wieder.«

Ich umarmte die Frau und sagte: »Setze deine Salbung frei, Herr.«

Sie sprang aus ihrem Rollstuhl auf. Schnell wandte ich mich zum Chor und rief: »Preist den Herrn dafür!« Es war ein unglaublicher Moment, und da sie nur langsam in Gang kamen, rief ich noch einmal. Die Frau war dabei, ein fantastisches Wunder zu erleben, und wir mußten den Herrn dafür loben. Als die Musik intensiver wurde, kam die Frau allein nach oben und rannte vor dem Altar hin und her. Die Wände des Saales wackelten förmlich von unserem begeisterten Lobpreis.

Es stellte sich heraus, daß die Frau an multipler Sklerose gelitten hatte, und sie erzählte mir später gemeinsam mit ihrem Gatten, der eigentlich nur daneben stand und wie ein kleines Kind weinte, daß sie Gott gebeten hatte: »Bitte tu es heute abend, weil wir nach Hause gehen und ich vielleicht nie wiederkommen kann. Bitte laß ihn zu mir kommen und für mich beten.«

Die Stimme Gottes sagte nur: »Geh und bete für sie – *jetzt!*«

Erstaunlich. Er weiß, wie er Ihre Aufmerksamkeit auf sich lenken kann.

Kapitel 10

Es begann nicht erst gestern

Der Psalmist schrieb:»Du machtest mich stark wie einen Stier, du salbtest mich mit frischem Öl« (92,11). Der Schreiber des Buches Kohelet drückt sich ähnlich aus:»Nie fehle duftendes Öl auf deinem Haupt« (Koh 9,8). Da der Heilige Geist die dritte Person der Dreieinigkeit ist, war er bei den mächtigen Taten Gottes in der Geschichte immer dabei. Die beiden Verse oben deuten auf die Salbung des Heiligen Geistes hin, denn Öl ist in den biblischen Schriften ein Bild für ihn.

Um die Salbung, die Kraft des Heiligen Geistes, in unserer heutigen Zeit zu erkennen und zu verstehen, wäre es hilfreich, sich einige Gestalten aus der Vergangenheit anzusehen.

David zum Beispiel wurde dreimal gesalbt: das erste Mal, als Samuel, der Richter und Prophet, zu Isai und seinen Söhnen nach Betlehem kam (1 Sam 16). Sie werden sich daran erinnern, daß Samuel sagte:»Zeige mir deine Söhne, Isai.« Nachdem er sieben von ihnen gesehen hatte, sagte er:»Diese hat der Herr nicht erwählt. Sind das alle deine Söhne?« Also holte Isai den jüngsten, der gerade dabei war, die Schafe zu hüten. Als David ankam, sagte Gott zu Samuel:»Auf, salbe ihn! Denn er ist es.«

Das war also die erste Salbung. Die zweite fand Jahre später statt, als David in Hebron zum König über Juda gesalbt wurde (2 Sam 2,4). Siebeneinhalb weitere Jahre später war er der gesalbte König über Israel (2 Sam 5,3).

Davids erste Salbung war zwar von Gott angewiesen, sie brachte ihn aber nicht weiter als bis zum Sklavenstatus unter König Saul. Seine Pflicht war es unter anderem, Harfe zu spielen, um damit die Dämonen, die Saul immer wieder quälten, von ihm fernzuhalten. Die zweite Salbung folgte einem häßlichen Streit mit dem Haus des Königs Saul nach dessen Tod.

Erst nach der dritten Salbung hatte David die Herrschaft und Autorität über ganz Israel. Dann verließ er sein Hauptquartier am Hebron, übernahm den Berg Zion und festigte seine Herrschaft über ganz Zion.

Der wichtige Punkt für uns Gläubige ist hier: Wir werden nie die Autorität erreichen, die Gott für uns beabsichtigt, bis wir die dritte Salbung empfangen – die königliche Salbung.

In ähnlicher Weise erlebten die Apostel drei Salbungen. Die erste kam, als Jesus sie anhauchte und sagte:»Empfangt den Heiligen Geist!«(Joh 20,22). Die zweite kam, als der Heilige Geist am Pfingsttag auf sie fiel (Apg 2).

Aber eine noch größere Salbung kam, als die Vollmacht der Urgemeinde auf dramatische Weise wuchs. Sehen Sie, in Apostelgeschichte, Kapitel 4, wird eine bedeutende Begebenheit geschildert, die oft als einfache Wiederholung des Pfingstwunders mißverstanden wird. Dabei bedeutet sie vielmehr ein Anwachsen der wunderwirkenden Kraft im Zeugnis der Auferstehung Jesu Christi, das die Apostel verkündeten. Beachten Sie, was in Apostelgeschichte 4,31 steht, nachdem die Jünger sich verpflichtet haben, Gott und nicht den Menschen zu gehorchen:

»Als sie gebetet hatten, bebte der Ort,
an dem sie versammelt waren,
und alle wurden mit dem Heiligen Geist erfüllt,
und sie verkündeten freimütig das Wort Gottes.«

Die Ältesten in Israel hatten den Aposteln gedroht und gesagt:»Predigt im Namen Christi, und ihr kommt ins Gefängnis.« Die Apostel blieben standhaft, und Gott sandte eine größere Salbung, die sich auf übernatürliche Weise manifestierte und die Kraft vermittelte, die ganze Welt zu erreichen. Der Ort erbebte, sie sprachen mit Mut, und viele, viele Menschen kamen hinzu.

Dann folgt in Apostelgeschichte, Kapitel 5, Verse 12–14, der Bericht:»Durch die Hände der Apostel geschahen viele Zeichen und Wunder im Volk . . . Immer mehr wurden im Glauben zum Herrn geführt, Scharen von Männern und Frauen.« Die Kraft des Heiligen Geistes war so stark mit Petrus, daß Menschen geheilt wurden, die an ihm vorbeigingen und auf die sein Schatten fiel (vgl. Apg 5,15).

Ja, die dritte Salbung ermächtigte die Apostel mit mehr Kraft, und sie brachte viele, viele Menschen ins Reich Gottes. Das ist genau das, was wir heute brauchen, damit die Welt gerettet werden kann.

Eine Goldgrube der Erkenntnis

Zusätzlich zu diesen Beispielen bietet die Apostelgeschichte, die man auch »Taten des Heiligen Geistes« betiteln könnte, einen großen Schatz an Information über die Salbung, je nachdem, worauf Sie sich konzentrieren möchten.

Zum Beispiel heißt es in der Schrift, *der Heilige Geist kündigt sein Kommen an.*

Sie finden die Stelle am Anfang der Apostelgeschichte. Zuerst diente Jesus durch den Heiligen Geist seinen Jüngern. Er erklärte ihnen viele verschiedene Punkte über seine Person (Apg 1,2–3). Er versprach ihnen Kraft durch den Geist (1,5–8). Und dann kam der Geist, und alle Welt bekam es mit: »Da kam vom Himmel her ein Brausen, wie wenn ein heftiger Sturm daherfährt, und erfüllte das ganze Haus, in dem sie waren.« Mächtige Dinge geschahen. Feuerflammen erschienen auf ihren Köpfen, sie begannen in anderen Sprachen zu reden, und sie gingen auf die Straßen, um die wunderbaren Taten Gottes unter den Menschen, die aus aller Welt gekommen waren, zu verkünden (Apg 2,2–11).

Der Heilige Geist ist sanft; er tröstet; aber er läßt es Sie wissen, wenn er kommt.

Zweitens, *der Heilige Geist bewirkt immer eine Last für die verlorenen Menschen.*

Bei seiner Predigt vor den Menschenscharen sagte derselbe Petrus, der als Feigling nur einige Wochen zuvor seinen Meister verraten hatte:

>»Kehrt um, und jeder von euch
lasse sich auf den Namen Jesu Christi taufen
zur Vergebung seiner Sünden;
dann werdet ihr die Gabe des Heiligen Geistes empfangen.
Denn euch und euren Kindern gilt die Verheißung
und all denen in der Ferne,
die der Herr, unser Gott, herbeirufen wird.
Mit noch vielen anderen Worten beschwor
und ermahnte er sie:
Laßt euch retten aus dieser verdorbenen Generation!
Die nun, die sein Wort annahmen, ließen sich taufen.
An diesem Tag wurden (ihrer Gemeinschaft)
etwa dreitausend Menschen hinzugefügt« (Apg 2,38– 41).

Kein Mensch kann mir beweisen, daß der Heilige Geist in seinem Leben ist, wenn er nicht eine Last dafür empfindet, daß andere Menschen zu Christus finden.»Ihr werdet Kraft empfangen und werdet meine Zeugen sein«, sagte Jesus. Der Geist ist uns nicht als »geistliches Picknick« gegeben; er ist uns gegeben, damit wir anderen von Christus erzählen können.

Eine weitere Auswirkung, die wir in der Apostelgeschichte geschildert finden, ist *vollkommene Einheit.*

Ich stelle jeden Einzelgänger immer ernsthaft in Frage, der behauptet, er kenne den Heiligen Geist, und er hätte alles, was er braucht, und brauche deshalb keine anderen Menschen mehr. Ein deutliches Beispiel für die richtige Einstellung finden wir in der Geschichte über die Urgemeinde, wo die Bekehrten » . . . an der Lehre der Apostel festhielten und an der Gemeinschaft, am Brechen des Brotes und an den Gebeten.« Sie waren zusammen und hatten alle Dinge gemeinsam; sie » . . . hielten miteinander Mahl in Freude und Einfalt des Herzens«. Der Herr » . . . fügte täglich

ihrer Gemeinschaft die hinzu, die gerettet werden sollten«
(Apg 2,42– 47). Einzelgänger gab es nicht. Des weiteren können Sie lernen und erfahren, wie *der Heilige Geist auf wunderbare Weise zu jemandem anderen durch Sie fließt.* Dieser Punkt wird in Apostelgeschichte, Kapitel 3, klar. Das Kapitel schildert, wie Petrus und Johannes zum Beten in den Tempel gehen und dabei einem Lahmen begegnen, der sie um Almosen bittet. Petrus richtet seinen Blick auf den Mann. »Sieh uns an!« sagt er. »Da wandte er sich ihnen zu«, heißt es in dem Bericht. »Petrus aber sagte: Silber und Gold besitze ich nicht. Doch was ich habe, das gebe ich dir: Im Namen Jesu Christi, des Nazoräers, geh umher!« Das, was Petrus hatte, floß durch ihn hindurch zu einem Mann in Not. Er nahm ihn bei der Hand, richtete ihn auf, und er war geheilt.

Was für eine Geschichte! Der Heilige Geist ist uns nicht zu unserem eigenen Vergnügen gegeben. Er kommt, um uns zu befähigen, in Vollmacht Zeugen für Christus zu sein.

Später in der Geschichte

Wenn wir uns in unserer heutigen Zeit umschauen, finden wir außergewöhnliche Taten des Heiligen Geistes, die er in Menschen wie Ihnen und mir bewirkt.

Da war zum Beispiel Jonathan Edwards, ein amerikanischer Prediger und Theologe im achtzehnten Jahrhundert. Er zeigte fast keine Gefühle, stand auf der Kanzel und las durch seine dicke Brille Predigten vor, wobei er kaum einen Blick auf die anwesenden Menschen warf. Diese Menschen erlebten durch seine Botschaften aber eine tiefe Sündenerkenntnis. Eine Predigt – »Sünder in den Händen eines zornigen Gottes« – führte laut Berichten dazu, daß die versammelten Menschen um Gnade schrien. Einige von ihnen brachen unter der Kraft Gottes zusammen, während er las. Diese spezielle Botschaft entzündete eine Erweckung, die mit lebenverändernder Kraft die Kolonien durchdrang. Nur der Heilige Geist konnte hinter solcher Kraft stehen.

Ähnlich war es mit D. L. Moody, der überhaupt nicht für seinen charismatischen Redestil bekannt war und sich während seiner Ansprachen immer viel verhaspelte. Und doch rüttelte er durch seine kraftvollen, offensichtlich vom Heiligen Geist unterstützten Botschaften ganze Staaten und Nationen auf.

Und Charles Finney, ein wichtiges Instrument bei der Entzündung des Erweckungsfeuers in Amerika: Er hatte eine solche Salbung, daß allein durch seine Gegenwart sich eine Wolke der Herrlichkeit über ein ganzes Stadtviertel senkte, wo er sprach. Gottes Herrlichkeit war innerhalb wie außerhalb der Veranstaltungen zu spüren. Menschen fielen unter der Kraft Gottes um, weinten und schrien um Gnade. Ähnlich ging es Menschen, die zufällig hereinschneiten und meist gar kein Interesse an Gott hatten. Sie brachen unter der Kraft zusammen und bekannten ihre Sünden.

Was bewirken Ergebnisse wie diese? Es war bestimmt nicht Redekunst oder humoristisches Talent.

Kathryn Kuhlman erntete viele spöttische Bemerkungen von Menschen, die zum ersten Mal ihre Veranstaltungen besuchten, wenn sie in ihren klassischen Schuhen und fließendem Gewand den Saal betrat.

»Was für eine Schau!« flüsterten sie. Aber in der Sekunde, als sie sagte »Vater«, wurden die anwesenden Menschenmassen von der Gegenwart und Kraft Gottes belebt. Menschen brachen zusammen, Hunderte wurden von schweren Krankheiten geheilt und bekehrten sich zu Christus.

In England gab es die Gebrüder Jeffrey. Ihre Namen waren nur wenigen Menschen bekannt, aber ihre Salbung war so stark, daß sie beim Eintreten in ein Gebäude hinter das Rednerpult traten und einfach sagten: »Der Herr ist hier«, und Wunder geschahen. Es gibt verläßliche Berichte darüber, daß Lahme, Blinde, Taube, sogar Menschen, denen ein Arm oder Bein fehlte, unglaubliche Wunder erlebten. Reinhard Bonnke, der mächtige Evangelist, der in Afrika schon so viel Veränderung bewirkt hat, glaubt, daß viel von dem Wirken des Geistes in seinem Leben sich auf ein Gebet zurückführen läßt, das einer der Jeffrey-Brüder vor vielen Jahren über ihm sprach. Dann gab es in England noch den überragenden Smith Wigglesworth, mit dem die Großmutter meiner Frau, Lilian, arbeitete. Eine der ungewöhnlichsten Geschichten, die ich von Lil hörte, war die von einem Mann, der im Publikum starb. »Hebt ihn auf!« sagte Wigglesworth. Dann boxte er den Toten in den Magen, so wird berichtet, und sagte voll Ernst: »In Jesu Namen, steh auf!« Aber der Mann war immer noch tot.

»Hebt ihn nochmal auf!« befahl er mit noch mehr Nachdruck. »Ich sagte in Jesu Namen, steh auf!« Immer noch war der Mann tot und fiel wieder zu Boden, und zum dritten Mal befahl Wigglesworth, den Mann aufzuheben. »Ich sagte in Jesu Namen, steh auf!« Diesmal schlug er dem Mann ins Gesicht. Und diesmal öffnete der Mann die Augen; er lebte!

Sie finden eine solche Vorgehensweise vielleicht nicht gut, aber ich hoffe, daß der Punkt, auf den es mir ankommt, deutlich wird. Die mächtige Manifestation des Geistes Gottes unter seinem Volk ist nichts Neues. Von Anfang an hat es sie gegeben. Und vergessen Sie nicht, sie ist auch für Sie da!

Kapitel 11

Jesus, der »Ich bin«

Der Heilige Geist ist der wunderbare Tröster, der Ratgeber, der Helfer, der, der vom Vater und vom Sohn gesandt wurde, um in und auf dem Volk Gottes zu sein, als Jesus zum Himmel fuhr. Und erste Aufgabe dieser herrlichen dritten Person der Dreieinigkeit ist, Jesus Christus zu offenbaren. Als Geist der Wahrheit offenbart er Jesus denen, die bereit sind, zu hören, zu sehen und ihm zu folgen.

Bei dem, was ich über die Gegenwart und die Salbung des Heiligen Geistes schreibe, dürfen Sie nie den Herrn Jesus aus dem Blick verlieren. Denn das alles ist uns gegeben, damit wir ihn erkennen, lieben und ihm dienen. Ich möchte daher jetzt mit Ihnen darüber nachdenken, wer Jesus ist, so daß Sie die große Bedeutung des Themas weiter verstehen.

Ein alter Liedschreiber drückt es in dem Choral *Der Herr der Herrlichkeit* folgendermaßen aus:

»Er ist der Herr der Herrlichkeit;
er ist der große ›Ich bin‹,
Alpha und Omega, Anfang und Ende.
Sein Name ist Wunderbar, Friedensfürst,
der ewige Vater, in alle Ewigkeit.«

Er ist die vollkommenste Offenbarung Gottes. Anfang und Ende. Der Erste und der Letzte. Der Ursprung und die Erfüllung. Das Amen.

»Ich bin das ewige Leben«, sagte er. Von Anfang an bis in alle Ewigkeit – Jesus.

Sie fragen:»Herr, was werden wir im Himmel sehen?«

»Ich werde euer Mittelpunkt sein.«

»Was werden wir im Himmel tun?«

»Mich auf ewig anbeten und genießen.«

»Was werden wir im Himmel hören?«

»Alles, was ich euch offenbare.«

»Was ist der Himmel?«

»Meine Schöpfung für euch.«

Jesus ist das Zentrum von allem. Nur er ist der »Ich bin, der ich bin«. Darum geht es, wenn wir »in Christus« leben und sind. Wenn Sie gerettet sind, sind Sie für immer in ihm. Sie sind in sein Leben gekleidet. Sie sind in den Anfang und das Ende, das Alpha und Omega gekleidet.

Lange Zeit konnte ich nicht begreifen, wie Gott etwas sagen und damit ein für allemal so festlegen konnte. Aber so steht es in der Bibel: »Herr, dein Wort bleibt auf ewig, es steht fest wie der Himmel« (Ps 119,89). Er spricht, und es ist erledigt. Die Zeit hat keine Auswirkungen darauf; es ist ewig.

Jesus ist das Wort. Was er sagt, ist wahr.

Ohne ihn hat die Geschichte keine Bedeutung; ohne ihn gibt es gar keine Geschichte. Es gibt keinen Ursprung, und es gibt kein Ende.

Die ganze Welt fragt: »Wer bin ich? Warum bin ich hier? Wo gehe ich hin?« Wer, warum, wohin – er ist die Antwort auf all diese Fragen.

Große Bedeutung

Sie sehen, die Aussage, daß er der große »Ich bin« ist, hat eine Bedeutung. Erinnern Sie sich? Mose fragte: »Wie ist dein Name?« Wer antwortete? Der Engel des Herrn Jesus. »Ich bin«, sagte er.

Wer? »Ich bin.«

Paulus schrieb in seinem Brief an die Kolosser:

»Denn in ihm wurde alles erschaffen
im Himmel und auf Erden,

das Sichtbare und das Unsichtbare,
Throne und Herrschaften,
Mächte und Gewalten;
alles ist durch ihn und auf ihn hin geschaffen.
Er ist vor aller Schöpfung,
in ihm hat alles Bestand« (Kol 1,16–17).

Aufgrund jener Aussage konnte er sagen:»Geh durch das Meer«,
und das Meer teilte sich. Können Sie hören, wie Mose fragt:»Wie
will er das machen?«

Der»Ich bin« sprach:»Geh los«, und Mose streckte seinen
Stab aus, und das Meer teilte sich – nicht durch den Stab, sondern
durch den»Ich bin«.

Elija sprach ähnlich, und Feuer fiel vom Himmel. Der»Ich
bin« sprach.

Eines Tages sah eine junge Frau in Nazaret, die nicht wußte,
was auf sie zukam, einen Engel, der sagte:»Maria, das Wort Gottes
wird als Baby in deinem Bauch heranwachsen.«

»Wie kann das sein? Bitte erkläre mir das.«

»Ich kann es nicht völlig erklären.«

»Hilf mir zu verstehen.«

»Ich kann nicht.«

Keiner versteht. Worte sind zu begrenzt, um Unendlichkeit zu
erklären. Alles, was Sie wissen können – und das ist die eine Seite
des Geschehens –, ist, daß der Grenzenlose beschloß, sich an einen
begrenzten Körper zu binden.

Im Leib Marias sollte die Ewigkeit Fleisch werden. Er würde
aus ihrem Leib kommen, und sie würde ein Baby in Armen halten,
das Jesus hieß. Und Jesus war nicht sein vollständiger Name, denn
das bedeutete nur»Retter« oder»Erlösung«, während er zugleich
der»Ich bin« war.

Uns wurde der Name»Jesus« gegeben, mit dem wir den»Ich
bin« anrufen können, und Jesus ist wirklich der Name über alle
Namen. Aber die Frage ist: Wie war sein Name, bevor er Mensch

wurde? Er hieß Anfang und Ende, Alpha und Omega, und davor hieß er der »Ich bin«.

Und er ging über die Erde.

Er hält alles zusammen

Jedesmal, wenn Sie Ihren Arm bewegen, drücken Sie aus:»Jesus lebt.« Ohne die von ihm geschaffene Energie könnten Sie ihn nicht bewegen. Er ist die Kraft, die Ihr Herz schlagen läßt. Er ist es, der Ihren Körper am Leben erhält.

Überlegen Sie: Paulus beschreibt Jesus, den »Ich bin«, als die Kraft, die die Atome zusammenhält. Wenn er hier einen Rückschritt machte, würde die Welt, einschließlich auch Ihrer Arme und Ihres Herzens, zerfallen. Lesen Sie Hebräer 1, Vers 3: Dieser Sohn Gottes hält alle Dinge durch das Wort seiner Macht aufrecht.

Wissenschaftler berichten, daß menschliche Körper und die ganze Natur durch eine bestimmte Kraft zusammengehalten werden. Sie, liebe Leser, können ihnen sagen, wie diese Kraft heißt.

Bitte verstehen Sie die Größe dessen, was wir hier sagen: Jemand hat diesen fantastischen Planeten namens Erde geschaffen, und dann kam dieser Jemand zur Welt und lebte auf ihr. Er ist groß genug, um dieses Stäubchen im riesigen Weltall zu schaffen und es zusammenzuhalten, während er darauf lebt.

Und wenn Ihnen dieser Gedanke noch nicht ausreicht, stellen Sie sich selbst als Staubkörnchen vor, und dann beschließt dieser grenzenlose Schöpfer aller Dinge, in Ihnen zu leben. Und er hat beschlossen, Sie auch zu erlösen.

Warum?

»Ich bin.«

So kam dieser Eine zur Erde, und als das Volk, unter dem er zu leben beschlossen hatte, zornig auf ihn wurde und sagte:»Wir sind Abrahams Söhne«, antwortete er sanft:»Bevor Abraham war, bin ich.«

»Gotteslästerung!« schrien sie.

»Nein, Ich bin.«

»Wie kannst du der ›Ich bin‹ sein, wenn du erst dreißig Jahre alt bist?«

»Ich bin.«

Und sie kreuzigten ihn. Aber sie wußten nicht, daß ihn der Tod nicht festhalten konnte, weil er den Tod ja in seinen Händen hält. Genausowenig wußten Sie, daß kein Grab ihn festhalten konnte, weil er das Grab hält.

So erstand er von den Toten und sagte immer noch: »Ich bin.«

Ein interessanter Gedanke über den Menschen

Die Bibel sagt, daß Gott nach Erschaffung des Himmels und der Erde mit allem, was auf ihr ist, sagt: »Laßt uns den Menschen nach unserem Bild machen.« Dann übergibt er diesem Menschen sogar Macht. Aber er gibt ihm nicht automatisch diese wunderbare Schöpfung des ewigen Lebens mit. Er läßt ihm die Wahl.

Im wesentlichen sagt Gott hier in seiner Rede in der Dreieinigkeit: »Laßt uns den Menschen so machen, daß er unser Partner ist; nicht als jemanden neben uns, sondern als Gegenüber; nicht als etwas Viertes in der Gottheit, sondern als Partner. Und laßt uns ihm die Welt, die wir geschaffen haben, geben, und lassen wir ihm die Wahl, ob er lieber leben oder sterben möchte.«

So erschafft Gott Adam, stellt ihn in den Garten Eden und pflanzt zwei Bäume – einen Baum des Lebens und einen Baum des Todes, der auch Baum der Erkenntnis von Gut und Böse genannt wird. Und Gott wartet ab, um zu sehen, was Adam tun wird.

Nun gibt es keine Stelle im Buch Genesis, in der Gott sich selbst Adam offenbart. Überlegen Sie das einmal. Gott schafft einen Menschen, aber nie sagt er ihm, wer er, der Schöpfer, ist. Die erste Person, die Gott, den »Ich bin« hört, ist Mose (Ex 3,14).

Warum nicht Adam? Gott wartet Adams Entscheidung über Leben und Tod ab. Das ist ein wichtiger Punkt. Sie werden nie eine

Offenbarung über Gott, den »Ich bin« erleben, bevor Sie sich nicht für ihn entscheiden. Gott wird sich keinem aufzwängen, auch nicht dem ersten Menschen.

Hätte Adam den Baum des Lebens gewählt, hätte er für immer in Vollkommenheit gelebt, und das wäre für die Menschheit eine herrliche Sache gewesen. Vergessen Sie nicht: Gott beabsichtigte, daß der Mensch sich vermehrt, bevor die Sünde auf den Plan kam. Es wäre wunderbar gewesen.

Als Adam den Baum der Erkenntnis von Gut und Böse wählt, stirbt er, und es gefällt ihm gar nicht, dieses Sterben zu erleben. Er muß versucht haben, zum Baum des Lebens zu gelangen, aber Gott sendet einen Engel, der ihm den Weg versperrt.

Denken Sie bei dem Baum des Lebens an Jesus Christus. Hätte Adam von Anfang an von diesem Baum gegessen, wäre er in eine nie endende Offenbarung des Wortes des lebendigen Gottes eingetreten. Aber er entschied sich für den anderen Baum.

Warum Jesus zur Erde kam

Ich erinnere mich, wie Billy Graham die Situation Gottes und des Menschen nach dem Sündenfall mit einem Bild verglich, in dem Sie, als Mensch, diese kleine Kreatur namens Ameise erschufen. Und als sein Schöpfer liebten Sie die kleine Ameise und kümmerten sich um sie. Eines Tages sahen Sie, wie die Ameise sich auf einen tödlichen Weg begab. Was sollten Sie da tun? Wie konnten Sie ihr sagen, daß sie sterben würde?

Die Probleme waren überwältigend. Erstens denkt die Ameise nicht, wie Sie denken. Zweitens kann sie Sie nicht hören. Drittens kann sie Sie nicht sehen. Viertens versteht sie Sie nicht. Wenn Sie versuchen, sie anzufassen, laufen Sie Gefahr, sie zu töten. Wenn Sie ihr eine Hand in den Weg legen, wird sie darüberklettern und weitergehen. Was sollen Sie tun?

Die einzige Möglichkeit, die blieb, ist, selbst eine Ameise zu werden und zu sagen:»Geh nicht diesen Weg; du wirst umkommen. Folge mir.« Wenn wir an Jesus denken, müssen wir zu verstehen versuchen, daß er viel größer ist als der begrenzte Mensch, den die Welt mit natürlichen Augen sah — auch viel größer als der wunderwirkende Mensch Jesus. Wenn Sie ihn sich nur als Mensch vorstellen, dann haben Sie noch nicht einmal begonnen zu begreifen, was für ein unbegrenztes Wesen er ist. Ja, er sagte, er sei»die Tür«, aber was befindet sich hinter dieser Tür? Das ist die spannende Frage, und Sie und ich haben da noch viel vor uns, was es zu begreifen gilt.

Aber der Herr hat über die Jahrhunderte seine Person stückweise durch verschiedene Menschen offenbart. Die Einleitung des Hebräerbriefes spricht davon:

>»Viele Male und auf vielerlei Weise
> hat Gott einst zu den Vätern gesprochen durch die Propheten;
> in dieser Endzeit aber hat er zu uns gesprochen durch den Sohn,
> den er zum Erben des Alls eingesetzt
> und durch den er auch die Welt erschaffen hat;
> er ist der Abglanz seiner Herrlichkeit und das Abbild seines
> Wesens; er trägt das All durch sein machtvolles Wort,
> hat die Reinigung von den Sünden bewirkt
> und sich dann zur Rechten der Majestät in der Höhe gesetzt«
> (Hebr 1,1–3).

Zuerst offenbarte Gott sich förmlich tröpfchenweise durch das Reden von Menschen. Jeder von ihnen hatte eine Offenbarung, ein Wort, eine Predigt, wenn Sie so wollen: Enosch, Noach, Abraham, Isaak, Jakob, Josef, Mose, Josua, Kaleb, Gideon, David, Salomo, bis hin zum Täufer Johannes.

Aber eines Tages sagte Gott:»Laßt uns aufhören, durch die Worte anderer zu reden. Laßt uns selbst sichtbar werden und sprechen.« So wurde »das Wort Fleisch und wohnte unter uns« (vgl. Joh 1,14).

Wir hatten die grenzenlose Offenbarung, die wir Jesus nennen, obwohl wir diese Offenbarung immer noch nicht mit unserem natürlichen Verstand begreifen konnten. Aber Paulus lehrt uns folgendes: Wir haben den Geist empfangen, »der aus Gott stammt, damit wir das erkennen, was uns von Gott geschenkt worden ist.« Und er fährt fort: »Der irdisch gesinnte Mensch aber läßt sich nicht auf das ein, was vom Geist Gottes kommt . . . weil es nur mit Hilfe des Geistes beurteilt werden kann . . . Wir aber haben den Geist Christi« (1 Kor 2,12–16).

Das ist unfaßbar!

Wenn Sie mit dem Geist gehen, in seiner Gegenwart leben, mit seiner Kraft gesalbt sind, werden Sie erleben, daß Sie mehr und mehr von diesem grenzenlosen Herrn und Retter begreifen, dem großen »Ich bin«. Sie werden erleben, wie er Sie anrührt, und Sie werden bitten: »Rühre mich wieder an.« Sie werden mit der Anrührung des vorigen Tages nicht mehr zufrieden sein, und Sie werden erleben, wie Sie ständig sagen: »Noch einmal; bitte nur noch ein Mal.« Jede Offenbarung wird Sie nach einer weiteren hungern lassen.

Sie werden sich dabei vielleicht fragen: »Werde ich je an ein Ende deiner Offenbarungen kommen?« Und er wird sagen: »Nie!« Eine Offenbarung ist nur der Beginn einer weiteren. Und ich möchte Ihnen zeigen, wie Sie auf diesem Weg weitergehen und darauf bleiben können.

Kapitel 12

Es ist für Sie – heute

So viele Menschen wollen die Kraft Gottes erleben, aber sie verstehen nicht, daß sie nicht eintritt, bevor sie die Gegenwart Gottes erlebt haben. Und wenn die Gegenwart Gottes kommt, manifestiert sie sich als erstes in den Früchten des Geistes, wie ich zuvor erläuterte. Die Frucht zeigt sich in den täglichen Kontakten mit Ihren Mitmenschen. Und ist diese Frucht wirklich da, dann wird der Herr Sie mit seinem Geist salben, und das bedeutet Kraft. Die Gegenwart Gottes ist das Vehikel, das die Kraft bringt. Die Kraft folgt der Gegenwart, nicht anders herum. Die Gegenwart und die Frucht kommen gemeinsam. Ebenso verhält es sich mit der Salbung und der Kraft.

Wenn Sie die Salbung des Geistes empfangen, erfüllt sich die Verheißung in Apostelgeschichte, Kapitel 1, Vers 8: »Ihr werdet meine Zeugen sein.« Das bedeutet, daß das Reden in anderen Sprachen oder das offensichtliche Vorhandensein von Geistesgaben ohne die Gegenwart nicht das ist, wovon Gott spricht. Sie müssen zuerst die Gegenwart haben, die Frucht in Ihnen bewirkt. Dann wird die Salbung, die Kraft, kommen. Und Sie werden sein Zeuge, seine Zeugin sein.

Gott sprach darüber sehr klar zu mir: »Ich salbe keine Gefäße, in denen ich nicht bin. Ich salbe Gefäße, die *erfüllt von mir* sind.« Dies war eine Offenbarung für mich. Wir empfangen die Taufe im Heiligen Geist – wir werden in ihn eingetaucht, bis zum Überfließen gefüllt, bis er in uns wohnt. Die Erfahrung ist real, nicht nur ein emotionales Erleben, das uns eine Gänsehaut verschafft. Daraus sollte sich die Frucht des Geistes über unser Leben ergießen und die Menschen um uns herum anrühren.

Wenn das geschieht, wird der Herr uns salben – wenn wir mit ihm gehen und ihm gehorchen. Und an diesem Punkt beginnt die

Kraft – die Kraft, ihm zu dienen. Dann können wir voll Mut die Verheißungen Gottes in Anspruch nehmen und sehen, wie die Herzen der Ungläubigen weich werden und sich Gott zuwenden; wir können Zeichen und Wunder sehen, wie sie in der Apostelgeschichte beschrieben sind.

Sie werden strahlen

Sie werden sich daran erinnern, wie es Mose ging, als er die Herrlichkeit und Gegenwart Gottes auf dem Berg Sinai gesehen hatte. Er stieg hinunter, und sein Gesicht strahlte wie ein Licht. Die Menschen konnten ihn nicht ansehen. Wenn auch Sie eine Begegnung mit der Gegenwart Gottes haben, wird es für andere sichtbar sein. Es wird sich vielleicht sogar auf Ihrem Gesicht zeigen, und auf jeden Fall wird es sich auf Ihr Verhalten auswirken. Ihre Miene wird den Menschen um Sie herum vermitteln: »Ich bin verändert. Ich war in der Gegenwart des allmächtigen Gottes.«

Während Sie früher sehr selbstbewußt waren und wenig Gott-Bewußtsein besaßen, lebten Sie selbstbezogen und konnten vor allem nur sich selbst darstellen. Durch die Gegenwart Gottes verlieren Sie Ihre Selbstbezogenheit, und die Früchte Gottes manifestieren sich in Ihrem Alltag.

Der Mensch Adam illustriert dies besonders gut. Als er sein Gott-Bewußtsein und damit die Gegenwart und Herrlichkeit Gottes verlor, mit der er gekleidet war, erfüllte ihn das Bewußtsein seiner eigenen Person. Dann sagte er: »Ich fürchtete mich.« In diesem Moment begann er, sich vor Gott, seinem Freund, dem Schöpfer des Himmels und der Erde, zu verstecken.

Furcht ist die erste Folge des Selbstbewußtseins, und Mut ist die erste Folge von Gott-Bewußtsein. Wenn wir Gott-bewußt werden, sind wir nicht länger gezwungen, auf uns selbst und auf unsere eigene Kraft zu vertrauen. Vielmehr ist Gott gegenwärtig in uns und schenkt unserem Leben Kraft und Autorität. Wir müssen unsere Kämpfe nicht mehr aus eigener Kraft kämpfen. Durch die

Vollmacht des Geistes können wir mutig Gott, den Allmächtigen, anrufen.

Die Gegenwart des Geistes wird Ihrem Geiste innewohnen, und die Salbung des Geistes wird Sie bedecken und durchtränken. Als vollmächtiger Zeuge Jesu brauchen Sie beides. Die Gegenwart ist nötig, um Sie zu verändern, die Salbung ist nötig, um diese Gegenwart nach außen zu kommunizieren.

Es gibt nur einen Weg

»Also«, sagen Sie,»was muß ich jetzt machen?«
Es gibt nur einen Weg. Gebet. Das bedeutet Krieg, Krieg, bei dem es um alles geht. Zuerst ist es ein Krieg gegen unser Ich, denn das ist unser größter Feind. Wenn Sie Ihr Ich nicht aus dem Blick verlieren können, dann werden Sie auch Gottes Gegenwart nicht kennenlernen.

Unsere Ichbezogenheit stirbt im Gebet. Und Sie werden kämpfen müssen, um das zu erreichen. Den meisten wird es ähnlich wie mir ergehen: Wenn Sie erst einmal wirklich ins Gebet gehen, dann ist alles, worüber Sie nachdenken können, Ihre Sünden und Ihre Nöte. Alles, was Sie sagen können, ist:»Vergib *mir*, sei *mir* gnädig. Hilf *mir*. Führe *mich*« und so weiter. Immer nur geht es um mich, mich, mich.

Verstehen Sie mich hier bitte nicht falsch. Sie müssen Ihre Sünden bekennen, um Vergebung bitten, Vergebung empfangen und Gottes Führung suchen, aber Sie sollen in Ihrer Beziehung zu Gott auch weiterkommen, ihm zuhören und mit ihm über die Dinge sprechen, die ihm auf dem Herzen liegen. Sie dürfen ihn lieben, ihm danken, ihn anbeten. Das ist die Frucht seiner Gegenwart. Die anderen Dinge werden sich nach seinem Zeitplan einstellen, nicht nach Ihrem.

Fünf Minuten in der Gegenwart Gottes, in Gemeinschaft mit ihm, sind mindestens so wertvoll wie ein Jahr, das man auf die Ich-Ich-Ich-Weise lebt. Und Sie werden erleben, daß Sie, wenn Sie in diesem Krieg siegreich kämpfen, überwinden und in seine Gegenwart hineingenommen werden. Ihre Freude darüber wird so groß sein, daß Sie bereitwillig das Fleisch, Ihr Ich, aufgeben, um nur in seiner Gegenwart baden zu können.

Gott wird zu Ihnen sprechen; Sie werden mit ihm sprechen. Er wird Ihnen viel von sich mitteilen, und ebenso werden Sie ihm viel von sich erzählen. Sie werden sich voller Begeisterung an seiner Liebe und Wärme, an seiner Sanftheit und an seiner Weisheit erfreuen. Dadurch werden Sie lernen, gehorsam seiner Stimme zu folgen, und darin liegt der Schlüssel zur Salbung des Heiligen Geistes.

Er wird Ihnen kleine Dinge anvertrauen, um Ihre Treue zu testen, um herauszufinden, wie Sie ihm gehorsam sind. Wenn Sie ihm im Kleinen treu sind, wird er Ihnen mehr . . . und mehr . . . und mehr anvertrauen. Seine Kraft wird auf Ihnen sein, um die Berufung zu erfüllen, die er Ihnen gegeben hat.

Die Kraft Gottes ist für jeden

Lassen Sie mich noch ein Wort zum Thema Berufung sagen: Die Salbung des Heiligen Geistes ist für jeden Gläubigen da, wie ich bereits in Kapitel 9 am Beispiel der »Salbung des Aussätzigen« erläuterte. Jeder, der gerettet ist, hat diese anfängliche Salbung des Geistes – diese Grundausstattung neuen Lebens – empfangen.

Die darüber hinausgehende Salbung wird Ihrer Berufung als Christ entsprechen. Manche sind in den unmittelbaren Dienst des Herrn gerufen – als Prediger, Evangelisten, Heilungsevangelisten, Pastoren, Lehrer. Andere sind vielleicht Schriftsteller, Musiker, Verwalter, Helfer, Gruppenleiter, Gastgeber, was auch immer. Wieder andere sind vielleicht Ehepartner, Eltern, Schullehrer, Geschäftsleute, Handwerker, Arbeiter und so weiter.

Angenommen, daß alle entsprechend ihrer Berufung und Absicht Gott dienen – im Leib Christi und in der Welt: Jeder kann und sollte die Salbung empfangen, die seiner Berufung entspricht.

In diesem Buch habe ich mich großteils einer Sprache bedient, bei der es spezifischer um die Salbung des Heiligen Geistes für die Berufung zum direkten Verkündigungsdienst geht, wenn Sie so wollen. Das erklärt auch, daß es viel um den Kampf gegen Satan und Krankheit geht und um den direkten Dienst an Gottes Volk. Dies soll aber nicht im geringsten Ihren Eifer um die Salbung verringern, egal, in welcher Arbeit Sie sich befinden.

Schließlich – je schneller, desto besser – sollten Sie soweit kommen, daß Sie ohne Unterlaß beten. Gebet wird zum Teil Ihres Leben, weil Sie es täglich praktizieren und sich dadurch Ihr Wesen und Ihr Lebensstil verändert.

Sicherlich müssen Sie Ihr tägliches Leben weiterhin leben; das müssen wir alle. Auch Jesus verbrachte nicht vierundzwanzig Stunden auf seinen Knien, auch wenn er sehr früh aufstand und viel allein war. Keiner von uns kann das tun. Wir müssen einer regelmäßigen Arbeit nachgehen, uns um unsere Kinder kümmern und so weiter.

Ich habe einige der wertvollsten Momente in meinem Leben in ganz normalen Situationen erlebt. Ich denke zum Beispiel an meine eigenen Kinder und die wunderbaren Zeiten, die wir gemeinsam im Gespräch und im Gebet verbrachten. Da bin ich nicht allein in meinem Zimmer oder irgendwo im Wald. Ich bin mit meiner Frau und meinen Kindern zusammen und erlebe genauso die Schönheit der Gegenwart Gottes. Es ist eine völlig andere Art der Salbung, diese sanfte Gegenwart Gottes und der Segen auf unserem Familienleben. Es ist nicht dieselbe Salbung und Kraft wie für einen Heilungsgottesdienst. Aber sie ist genauso sehr, sehr wichtig und sehr real.

Das gleiche erlebte ich, während ich mit meinen Mitarbeitern im Orlando Christian Center sprach – ich ermutigte, zeigte Mitgefühl, ermahnte, strafte. Seine Gegenwart ist spürbar, wenn ich den Namen »Jesus« ausspreche.

Aber der Punkt, um den es mir hier geht, ist, daß Jesus in ständiger Verbindung mit seinem Vater war, und wir sollten genauso ständig in Verbindung mit ihm sein, durch den wunderbaren Heiligen Geist.

Zeiten der Stille bringen dieses Beten ohne Unterlaß hervor, wie ich bereits sagte, und wir dürfen sie nicht vernachlässigen. Ich werde oft gefragt, wie es mit meinen eigenen Gebetszeiten steht. Ich verstehe den Wunsch nach Anleitung, und oft ist Vorbildsein die beste Art der Unterweisung.

Aber das Gebet ist wirklich so privat, so wertvoll, eine so intime Angelegenheit, daß ich die Menschen bitte, sich nicht an der Art und Weise, wie ich es handhabe, zu orientieren, sondern sich eher von Gott zeigen zu lassen, wie sie es tun sollen.

Es gibt Zeiten, wenn ich, ganz allein mit Gott in meinem Zimmer oder draußen oder wo immer, zu beten beginne, und es friedlich ist, ich manchmal so vom Gebet gefangengenommen werde, daß ich einen halben Tag oder länger dabei bleibe. Dann gibt es Zeiten, wenn ich nur eine Stunde im Gebet bei ihm bin.

Es gab Zeiten, in denen ich viel nach Übersee reiste, und mein Zeitplan mir nicht mehr als fünf Minuten im Gebet zuließ. Aber denken Sie daran: Gott hat mich vor vielen Jahren lange in der beständigen Gemeinschaft mit ihm trainiert, und das vernachlässige ich nicht.

Und an manchen Tagen, die voller Unterbrechungen und Anfechtungen waren, bin ich in einem Heilungsgottesdienst hinter das Rednerpult getreten und war dabei so gesalbt, daß man hätte meinen können, ich hätte den ganzen Tag mit Bibellesen und Beten verbracht.

Vergessen Sie die Bibel nicht

Zur Heiligen Schrift ist zu sagen, daß sie ein absolut wichtiger Teil der Gebetszeit ist. Ich beginne keinen Tag, ohne darin zu lesen, noch bevor ich bete. Ich muß es tun. Sie ist Gottes Wort, und ich muß zulassen und dafür sorgen, daß sich sein Wort über mich und meine Seele ergießen kann – und genau das müssen Sie auch tun.

Wenn Sie beten und die Gegenwart Gottes erfahren, sollten Sie außerdem immer die Bibel bei sich haben. Vielleicht zeigt er Ihnen einen bestimmten Abschnitt und lehrt Sie etwas dazu. Und wenn Sie unruhig beim Lesen einer bestimmten Stelle sind, fragen Sie ihn danach. Er wird Sie lehren. Die Bibel sagt sehr klar, daß er Ihr Lehrer ist – sogar, daß der Geist der einzige Lehrer ist, den Sie brauchen.

Denken Sie an 1. Johannes, Kapitel 2, Vers 27:

»Für euch aber gilt:
Die Salbung, die ihr von ihm empfangen habt, bleibt in euch, und ihr braucht euch von niemand belehren zu lassen.
Alles, was seine Salbung euch lehrt, ist wahr und keine Lüge.
Bleibt in ihm, wie es euch seine Salbung gelehrt hat.«

Wenn Sie diesem wunderbaren Weg folgen, werden Sie Prinzipien und Lehren in der Bibel entdecken, die von größter Wichtigkeit sind, und das meine ich wirklich so, Sie werden es sehen.

Kapitel 13

Zwei tiefgreifende Grundlagen

Auf Ihrem Weg möchte ich Ihnen zwei grundlegende Lehren erläutern, die so tiefgreifend sind, daß sie den ganzen Erdball, sogar das gesamte Weltall erschüttern könnten. Es handelt sich um folgende zwei Grundwahrheiten des christlichen Glaubens: Buße und das Blut Christi.

Buße ist der erste Schritt auf dem Weg, die Salbung zu empfangen, egal in welcher persönlichen Situation Sie sich befinden.

Nun kann ich schon einige Stimmen des Protestes hören: »Aber ich habe Buße getan; ich bin gerettet!«

Zu der Tatsache, daß Sie gerettet sind, sage ich: »Halleluja!« Zu der Annahme, daß deshalb Buße kein Thema mehr für Sie ist, sage ich: »Auf keinen Fall!«

Lassen Sie mich damit beginnen, daß ich Apostelgeschichte 2, Vers 38, in Erinnerung rufe. Der Vers schließt an die bemerkenswerte Predigt von Petrus am Pfingsttag an. Die Kraft des Heiligen Geistes war auf die einhundertzwanzig Nachfolger Jesu gefallen, und dieses Wunder zeigte sich auf verschiedene Weise, besonders in der Vollmacht der Predigt des Petrus.

Die Bibel schildert, daß die Botschaft die Zuhörer »mitten ins Herz traf« und sie fragten: »Was können wir tun?« Petrus antwortete ihnen darauf:

»Kehrt um, und jeder von euch lasse sich
auf den Namen Jesu Christi taufen
zur Vergebung seiner Sünden;
dann werdet ihr die Gabe des Heiligen Geistes empfangen.
Denn euch und euren Kindern gilt die Verheißung
und all denen in der Ferne,
die der Herr, unser Gott, herbeirufen wird« (Apg 2,38–39).

Er sagte: »Kehrt um, und jeder von euch lasse sich taufen.« Nun sehen Sie sich noch einmal den Vers an, der in meinen Ausführungen über die Salbung des Geistes so wichtig war: »Ihr werdet die Kraft des Heiligen Geistes empfangen, der auf euch herabkommen wird; und ihr werdet meine Zeugen sein . . . bis an die Grenzen der Erde« (Apg 1,8).

Wir haben also die Verheißung, daß wir Kraft bekommen, wenn der Heilige Geist auf uns kommt. Geist. Salbung. Kraft. Und dies alles geschieht nach der Buße.

Und wozu dient das Ganze? Um »meine Zeugen« zu sein. Das ist wichtig. Sie empfangen die Kraft, um anderen Menschen von Jesus Christus zu erzählen. Sie werden der Welt nicht mitteilen, wie Sie sind, wie großartig Sie sich entwickelt haben, was für ein schrecklicher Sünder Sie waren. Nein, Sie werden ihr von Ihrem großen Hohenpriester erzählen, von Ihrem großen König, von Ihrem wunderbaren Erlöser, dessen Name Jesus ist. Sie werden erzählen, was er aus einem leeren Leben machen kann.

Nun kann ich wieder Proteste hören: »Was meinen Sie damit? Habe ich die Kraft nicht auch bekommen, um von meinen Erfahrungen zu erzählen?«

Nein, der Heilige Geist verherrlicht nicht die Dinge, durch die Sie gegangen sind. Er stellt Jesus in den Mittelpunkt. Er zeigt der Welt, was Jesus durchgemacht hat, um Ihnen den Weg zum Himmel freizumachen, nicht, was Sie durchgemacht haben, um dorthin zu gelangen. »Ihr werdet meine Zeugen sein« – Zeugen dessen, wer Jesus ist, was Jesus getan hat, was Jesus gesagt hat, was Jesus verheißen hat.

Ich habe diese ganzen dummen Fehler gemacht. Ich spreche nicht nur von anderen. Bevor ich ungefähr vor achtzehn Jahren dem wirklichen Leben und der wirklichen Kraft Gottes begegnete, ging ich zu Kirchen, in denen es so laut und chaotisch zuging, daß die Leute offensichtlich dachten, daß Lärm gleich Kraft war. Jeder hatte ein Tamburin. Sie waren offenbar der Meinung, daß die Tamburine den Heiligen Geist anlockten. Aber ich erlebte, daß ich dort »am Weinstock verdorrte«; ich hatte kein Leben in mir. Ich stand in der Kirche und verkrampfte mich so in meiner Bank, bis mein Blut stockte. Jeden Sonntag ging ich zum Altar und weinte und bettelte zu Gott um die Kraft, die er in der Bibel verheißen hatte. Ich ließ mir von jedermann die Hände auflegen. Ich blieb in meinem Zimmer, spielte Tamburin, probierte jede Formel aus, las jedes Buch und hörte jede Radiosendung, die ich kriegen konnte.

Ich kannte Verheißungen von Kraft, und ich wußte, sie sollten mir gelten. Heute weiß ich, daß sie nicht nur mir gelten.

Und der Schlüssel ist die Buße. Sie wird in Ihrem Leben ein Feuer entfachen, und Sie werden das Ziel erreichen, das Gott für Sie beabsichtigt.

Was bedeutet Buße?

Was bedeutet nun Buße? Beginnen wir mit dem, was es nicht bedeutet. Buße bedeutet nicht, zum Altar zu gehen, ein paar Tränen zu vergießen, zu sagen: »Tut mir leid, Herr« und dann wieder das gleiche zu tun wie zuvor.

Buße ist eine tägliche und zugleich übernatürliche Erfahrung, nicht etwas, das man aus menschlicher Kraft bewerkstelligen könnte. Es ist ein Geschenk des Heiligen Geistes. Buße ruht auf dem, »der seine Sünden bekennt und meidet«; er »findet Erbarmen« (Spr 28,13). Das ist die wahre Bedeutung – nicht nur das Bekennen, sondern auch das Unterlassen der Sünde.

Haben Sie nichts mehr mit Sünde zu tun. Sie gehen auf die Knie und sagen: »Herr, nie mehr wieder«, und Sie stehen nicht wieder auf, bevor Sie mit der Sache abgeschlossen haben.

Solange Sie das nicht praktizieren, werden Sie nicht den Heiligen Geist empfangen, und Sie werden am Weinstock verdorren. Es gibt viel zu viele Christen, die in ihren Kirchen sitzen und am Weinstock verdorren, weil ihnen Leben und Kraft fehlt. Sie sagen: »Aber ich habe doch Glauben.« Glauben? Wenn die Gabe

Gottes kommt – der Geist – dann wird er diesen Glauben lebendig machen.

Das Thema »Glauben« wurde viel zu lange breitgeredet, falsch verstanden und mißbraucht. Menschen haben nach Glauben, Glauben, Glauben geschrien, bis sie ihn ganz zerstörten. Sie haben die Lehre dafür so sehr mißbraucht und falsch gedeutet, daß sie sich selbst völlig in Verwirrung gebracht haben – und Tausende anderer mit ihnen. Glaube ist, wie ich gerade sagte, eine Gabe Gottes, die er uns gerne gibt und die durch den Geist lebendig bleibt.

Was die Buße betrifft, der erste Schritt zur Salbung des Heiligen Geistes, muß sie bei jedem sündigen Handeln in Ihrem Leben erfolgen, auch in einfachen Dingen – tun Sie Buße, wenn Sie nicht gebetet haben, wenn Sie nicht das Wort gelesen haben, wenn Sie Gott vernachlässigt haben, wenn Sie mit der großartigen Gabe der Gegenwart Gottes in Ihrem Leben leichtfertig umgegangen sind, wenn Sie Jesus aus Ihren Gesprächen ausgeschlossen haben.

Jede dieser Sünden zeigt, daß Sie leer und tot sind, oder zumindest auf dem Weg dahin. Sie enttäuschen den einzigen, der wirklich zählt. Und es gibt noch viel schlimmere Sünden, die Sie genauso gut kennen wie ich. Sie sind direkter, oft häßlich, manchmal gewalttätig. Und natürlich müssen sie angegangen werden, und zwar sehr schnell.

Wie tut man das? Sie gehen zu Gott und sagen: »Herr, gib mir ein bußfertiges Herz.« Wie David sagen Sie: »Schaffe in mir, o Gott, ein reines Herz.« Sie sagen: »Die Opfer Gottes sind ein zerbrochener Geist, ein zerbrochenes und reumütiges Herz.« Sie sagen: »Herr, vergib mir, daß ich nach den Dingen dieser Welt gesucht habe.« Sie sagen: »Vergib, daß ich die erste Liebe zu dir verlassen habe.« Sie sagen: »Vergib mir, Herr, daß ich so lau bin.« Sie sagen: »Nimm deinen Heiligen Geist nicht von mir.«

Sie müssen täglich die Kraft des Heiligen Geistes empfangen, um in der Erneuerung der Sinne gegen das Fleisch zu kämpfen. Denn es ist ein täglicher Kampf: »Nein, nein, nein, nein« zum Feind; »ja, ja, ja, ja« zu Gott.

Wir müssen es den Kirchen sagen, aber auch uns selbst:»Kehrt um, kehrt um und tut Buße mit ganzem Herzen.« Wir müssen beginnen, das Leben zu leben, das täglich mit Christus gekreuzigt ist, denn wenn wir das tun, werden wir den Heiligen Geist nicht mehr einschränken. Wir werden ihn noch nicht einmal mehr bitten müssen, uns zu füllen.

Nun beachten Sie bitte noch einen wichtigen Punkt. Gott möchte nicht, daß sein Volk die ganze Zeit herumsitzt und heult. Das ist keine Buße. Er will, daß wir unseren Sünden gegenüber empfindsam sind, daß wir sie sofort abschalten und unser Leben voll Freude in der Kraft Gottes leben.

Buße. Gegenwart. Salbung. Dienst. Freude.

Wie funktioniert es?

Ich möchte hier kurz über eine Sache schreiben, die hinter all dem steht, worüber wir sprechen, besonders hinter diesem ersten Schritt der Buße.

In der Bibel sagt der Prophet Sacharja über das erste Kommen des Messias:»Auch deine Gefangenen werde ich um des Blutes deines Bundes willen freilassen aus ihrem Kerker, der wasserlosen Zisterne« (Sach 9,11).

Gott sagt seinem Volk, daß das Blut Christi, das Blut des Neuen Bundes, sie freimachen wird. Und es ist traurig, aber wahr, daß viele Menschen keine Ahnung haben, wie sie diese Wahrheit auf ihr Leben anwenden können und sollen, um die Freiheit der Buße und die Wahrheiten des Glaubens zu empfangen.

Viele sind noch immer gebunden. Dämonen quälen sie. Krankheit hat sie und ihre Kinder geschlagen. Verwirrung zerstört ihren Frieden.

So sollte es nicht sein. Ich habe erkannt, daß das vergossene Blut Jesu Christi sechs Dinge in unserem Leben bewirkt – im Gegensatz zu dem Durcheinander, das in unseren Kirchen, aber auch in den Gemeinden herrscht:

- In Epheser 1, Vers 7, heißt es:»Durch sein Blut haben wir die Erlösung.« Wir sind durch sein Blut erlöst. Erlöst wovon? Vom Reich der Finsternis, vom Reich Satans, der im Moment die Welt regieren darf. Christus hat wissentlich sein Blut »vergossen«, nicht zufällig »verschüttet«, und uns erlöst.

Sie können Satan ins Auge blicken und ihm sagen, daß er keine Macht über Sie hat, denn Sie sind rechtmäßig zurückgekauft worden. Sehen Sie, Gott und Satan wissen beide, daß Sie rechtmäßig zurückgekauft wurden, aber wissen Sie es? Wenn Sie vom Feind angegriffen werden, müssen Sie nicht aufschreien: »O Gott, hilf mir!« Sie können rechtmäßig sagen: »In Jesu Namen, verschwinde!«

- In Epheser 1, Vers 7, geht es weiter: »Durch sein Blut haben wir ... die Vergebung der Sünden ...« Uns ist vergeben durch das Blut Jesu Christi. Nun geht es bei der Vergebung nicht um irgend etwas, sondern um das, was Sie als Sünder getan haben.

Gott erlöst Sie, und dann vergißt er alles, was Sie getan haben, das heißt, er sieht Sie an, als ob Sie nie etwas falsch gemacht haben. Er vergißt Ihre »Sünden« und Ihre »Ungerechtigkeiten«, die gedanklichen Sünden.

In Jesaja 38, Vers 17, spricht Gott sogar davon, daß er unsere Sünden hinter sich wirft. Und wenn Gott etwas wegwirft, dann fliegt es so weit, bis es außer Reichweite ist.

- In 1. Johannes, Kapitel 1, Vers 7, steht: »... das Blut Jesu Christi ... reinigt uns von aller Sünde«, wenn wir im Licht wandeln. Bitte beachten Sie, daß dies in der Gegenwart geschrieben ist. Es reinigt. Es ist eine Erfahrung, die wir jetzt machen. »Vergebung« handelt von dem, was Sie getan haben; bei dem Wort »reinigen« geht es um das, was Sie gerade tun. Überlegen Sie mal. Das Blut Christi erlöst und rettet Sie zu einem bestimmten Zeitpunkt und vergibt alles, was Sie in den vergangenen Jahren, Stunden, Minuten getan haben; und es reinigt Ihre Gedanken und Handlungen in dem Moment, wenn Sie Buße tun – fantastisch! Dann wird das, was Sie in diesem

Moment denken, erlöst. Es liegt eine unwahrscheinlich große Kraft im Blut Jesu Christi.

- In Römer 5, Vers 9, heißt es:»Nachdem wir jetzt durch sein Blut gerecht gemacht sind, werden wir durch ihn erst recht vor dem Gericht Gottes gerettet werden.« Um diese Rechtfertigung von Jesu Blut bewirkt, wird es sich auch in der Zukunft drehen – um das kommende Gericht Gottes. Es ist eine erstaunliche Aussage, aber wenn Sie gerecht gemacht sind, dann ist für alles, was Sie in Zukunft tun werden, bereits gesorgt. Offensichtlich ist hier eine Erklärung vonnöten, denn so kann ja jemand sagen:»Prima, da ich schon gerecht gemacht bin, kann ich morgen sündigen, und Gott wird sich darum kümmern. Warum soll ich das nicht ausnutzen . . .?« Aber wenn Sie wissentlich und willentlich – das sind die entscheidenden Worte – beschließen zu sündigen, ist Ihre Rechtfertigung dahin. Willentliches Sündigen, wissentlich und absichtlich, ist nicht von Gott. Einfach gesagt: Ihre beständige Rechtfertigung ist abhängig von Ihrem Gehorsam, und Gehorsam – Sie erinnern sich – ist der Weg, wie wir in die Salbung des Heiligen Geistes eintreten. Sünde, die aus Schwachheit oder Unwissenheit oder aus Versehen geschieht, ist etwas ganz anderes.

- Im Kolosserbrief, Kapitel 1, Vers 20, schreibt Paulus:» . . . um durch ihn alles zu versöhnen . . . der Friede gestiftet hat am Kreuz durch sein Blut.« Gott hat Sie mit sich selbst versöhnt, zwischen ihm und Ihnen herrscht Friede. Er hat Sie zurückgebracht und die Gemeinschaft mit dem Vater, Sohn und Heiligem Geist wiederhergestellt. In weitestem Sinne bedeutet Versöhnung hier »eins sein mit Gott«.

Nun sagen Sie vielleicht:»Ich erlebe das aber nicht.« Haben Sie Geduld. Die Bibel sagt, wir werden von Herrlichkeit zu Herrlichkeit verwandelt; Sie werden noch dahin kommen. Im Moment sind Sie durch den Glauben da, aber Sie werden es auch erleben. Glaube ist Substanz.

- In 1. Petrus, Kapitel 1, Vers 2, steht:»... an die Auserwählten ... von Gott, dem Vater, von jeher ausersehen und durch den Geist geheiligt, um Jesus Christus gehorsam zu sein und mit seinem Blut besprengt zu werden.« So schwer verständlich es klingen mag – die Bibel sagt, daß Sie durch das Blut Christi geheiligt sind.

Damit zur Heiligung, diese hängt direkt mit der Salbung zusammen. Die Salbung kommt nicht ohne Heiligung, denn Heiligung bedeutet »aussondern«.

Erinnern Sie sich an den Bericht in Levitikus, Kapitel 14, von dem Aussätzigen, der außerhalb des Lagers bleibt. Es heißt, daß der Priester aus dem Lager herausgeht, das Blut nimmt, Ysop in das Blut hineintaucht, den Aussätzigen siebenmal besprengt und er von der Lepra gereinigt wird. Danach kommt der Aussätzige ins Lager, und der Priester nimmt wieder Blut, das gleiche wie vorher, und sprengt es auf dessen Ohr, Daumen und Zeh. Das ist wichtig: das Ohr steht für die Gedankenwelt; der Daumen für die Arbeitswelt; und der Fuß steht für den täglichen Wandel. Dann streicht der Priester Öl auf Ohr, Daumen und Fuß des Leprakranken und gießt eine Handvoll Salböl auf den gereinigten Kopf.

Das ist die Fülle der Salbung: für die Gedanken, die Arbeit und für den täglichen Wandel.

Diese Schilderung verdeutlicht, daß viele von uns, auch nachdem wir gereinigt und sozusagen innerhalb des Lagers sind, nicht den besonderen Schutz erkennen, den wir für unser ganzes Leben bekommen haben, nicht nur für unsere geistlichen Aktivitäten. Der Teufel kann und wird unsere Gedanken angreifen, unsere Arbeit und unseren täglichen Weg durchs Leben. Ich zum Beispiel nehme das Blut Jesu Christi für alle meine Lebensbereiche in Anspruch, für meine Frau, die Kinder, mein Heim und unsere Autos. So sind sie geschützt, und das Öl heiligt sie.

Nun hören Sie meine Worte: Das Blut geht dem Öl voraus. Der Herr wird Sie nie mit dem Heiligen Geist salben, es sei denn, Sie nehmen das Blut Jesu Christi für Ihr Leben in Anspruch – für Ihr ganzes Leben.

Eine Evangelistin nahm dies für die gesamte versammelte Zuhörerschaft in Anspruch, und die Kraft Gottes fiel auf wunderbare Weise auf sie. Der Geist handelt, wo das Blut in Anspruch genommen wird.

Tun Sie's doch

Wie können Sie und ich uns mit Christi Blut bedecken? Im Römerbrief, Kapitel 3, Vers 25, finden wir drei Schlüssel: »Ihn [Christus] hat Gott dazu bestimmt, Sühne zu leisten mit seinem Blut, Sühne, wirksam durch Glauben. So erweist Gott seine Gerechtigkeit durch die Vergebung der Sünden, die früher, in der Zeit seiner Geduld, begangen wurden.«

Der erste Schlüssel ist *Wissen*. Wir müssen wissen, was das Blut Jesu Christi bewirkt hat. Keiner kann es in Anspruch nehmen, der nichts darüber weiß. Wir müssen studieren, darüber lernen, es kennen. Was hat das Blut Christi getan, und was wird es heute tun?

Der zweite Schlüssel ist *Glaube an das, was wir wissen*. Lassen Sie Glauben in sich wachsen. Wie können wir das Blut Christi in Anspruch nehmen, wenn wir nicht glauben, was wir sagen?

Der dritte Schlüssel ist: *Im Glauben aussprechen, was wir wissen*. Aussprechen bedeutet etwas laut erklären. Wenn ich etwas weiß und glaube, dann werde ich es aussprechen – nicht als Zauberformel, sondern aus Glauben an Gott, der niemals lügt.

Das hört sich eigentlich ganz einfach an: »Es steht in der Schrift, daß ich durch das Blut Jesu Christi Vergebung meiner Sünden habe. Es ist geschrieben, daß ich durch das Blut Christi erlöst bin. Ich bin von ihm zurückgekauft worden. Es steht geschrieben, daß ich das Blut Christi auf mein Leben in Gedanken, in der Arbeit und in meinem täglichen Wandel anwenden kann. Ich nehme das Blut in Anspruch, und mein ganzes Leben ist geschützt.«

Es hat Auswirkungen auf alles

Die Macht des Blutes Christi ist wirklich endlos. Wir finden dies in nur einem der sechsundsechzig Bücher der Bibel:
Das Blut Christi hat:

- Satan zerstört (Hebr 2,14),
- die Angst vor dem Tod besiegt (Hebr 2,15),
- unser Gewissen gereinigt (Hebr 9,14),
- die himmlischen Dinge gereinigt (Hebr 9,23),
- Zuversicht geschenkt (Hebr 10,19),
- Vollendung verheißen (Hebr 10,14),
- die Wiederkunft Christi garantiert (Hebr 9,28).

Und nun müssen Sie Schritte unternehmen, die Salbung pflegen und zu behalten, was Ihnen geschenkt wurde oder wird. Sie werden es im folgenden sehen.

Kapitel 14

Das Beispiel Jesu

In meiner Gemeinde sage ich den Leuten wieder und wieder: »Wenn ihr die Salbung – die Kraft Gottes erfahren wollt, dann erzählt jemandem von Jesus.« Es ist ja bekannt, daß wir uns mit Satan im Kampf um die Seelen der Menschen befinden. Und Kämpfe gegen den Teufel brauchen die Salbung.

Ich bin überzeugt davon, daß wenn ein Mensch oder eine Kirche aufhört zu dienen – das heißt im wesentlichen, wenn er oder sie aufhört, von Jesus zu erzählen – die Salbung verschwinden wird. Sie ist uns nämlich zum geistlichen Kampf gegeben, und Gott möchte uns zu seiner Verherrlichung gebrauchen.

Der Herr rührte mich kürzlich während eines Abendgottesdienstes an einem Mittwoch durch ein starkes Wort an. Die Gemeinde sollte hinausgehen mit ihrem Zeugnis und den Leuten vor Ort und in der ganzen Welt von Jesus erzählen. Ich versprach den Leuten, daß wir sofort eine Lehrserie für die beginnen würden, die es brauchten, so daß die ganze Gemeinde aktiv werden und Zeugnis geben konnte.

An jenem Abend fielen mir die wunderbaren Worte Jesajas im einundsechzigsten Kapitel auf: »Der Geist Gottes, des Herrn, ruht auf mir.«

Was für kraftvolle Worte. Jesus gebrauchte sie bei Aufnahme seines Dienstes, als er auf der Erde war: Im Lukasevangelium heißt es, daß er »voll des Geistes« war. Das überrascht viele Leute, die nicht wissen, daß Jesus Christus, ganz Mensch und ganz Gott, genauso mit dem Heiligen Geist erfüllt werden mußte, um gegen Satan zu kämpfen.

In diesem Abschnitt war Jesus bereits vom Geist gesalbt – es geschah bei seiner Taufe durch Johannes den Täufer – und er hatte die Versuchung Satans in der Wüste hinter sich. Dann ging er zur

Synagoge in Nazaret, »wie es Sitte war«, und stand auf, um vorzulesen. Ihm wurde die Schriftrolle von Jesaja gegeben, so berichtet Lukas, und er las die folgende Stelle vor:

>»Der Geist des Herrn ruht auf mir;
>denn der Herr hat mich gesalbt.
>Er hat mich gesandt,
>damit ich den Armen eine gute Nachricht bringe;
>damit ich den Gefangenen die Entlassung verkünde
>und den Blinden das Augenlicht;
>damit ich die Zerschlagenen in Freiheit setze
>und ein Gnadenjahr des Herrn ausrufe« (Lk 4,18–19).

Lukas berichtet weiter, daß, als Jesus sich setzte, »die Augen aller in der Synagoge auf ihn gerichtet waren«. Mir gefällt dieser Ausdruck »waren auf ihn gerichtet«. Sie hatten die Gegenwart und die Kraft Gottes in ihrer Mitte gespürt. Sie waren erstaunt und verwundert. Dann begründete ihnen Jesus, warum sie die Kraft auf eine Weise gespürt hatten wie nie zuvor: »Heute hat sich das Schriftwort, das ihr eben gehört habt, erfüllt.«

»Ich bin es«, sagte Jesus. »Ich bin der, den Jesaja beschrieben hat.« Sie werden sich erinnern, daß Jesus während seines ganzen Dienstes – und sogar nach seiner Auferstehung – davon sprach, daß die Schrift ihn bezeugte. Das Alte Testament spricht in vielfältiger Weise vom Kommen des Reiches und vom Kommen des Königs.

Und Jesus erwähnte oft dieses Zeugnis, wie es auch seine Apostel später taten.

Ist es nicht seltsam, daß offenbar dieselben Menschen, die in jenem Moment voll Verwunderung ihre Augen »auf ihn gerichtet« hatten, binnen kurzem aufstehen und ihn von einer Klippe zu stürzen versuchen sollten?

Der Abschnitt zeigt uns nicht nur, daß die Salbung des Heiligen Geistes auf den Herrn kam, sondern auch, daß sie aus weit mehr als nur diesem Grund gekommen war:

- Zum Predigen des Evangeliums
- Zum Heilen gebrochener Herzen
- Zum Verkünden der Freiheit für die Gefangenen
- Zum Wirken von Wundern
- Zur Befreiung der Unterdrückten
- Zum Verkünden des Gnadenjahres Gottes

Und bei uns ist es genauso. Wenn wir die Salbung Gottes erfahren wollen, sollen wir zuerst und vor allem »den Armen gute Nachricht« verkünden. Denn dazu ist der Heilige Geist auf Sie gekommen – damit Sie Zeuge und Zeugin Christi sein können.

Warum heißt es hier »den Armen«? Es stimmt, daß Jesus sich oft mit denen identifizierte, die weder Geld noch Obdach hatten. Aber hier geht es um jeden: Alle von uns sind ohne Gott geistlich arm. Deshalb sollen wir das Evangelium, die Gute Nachricht, die Frohe Botschaft verkünden.

Und nach Jesaja und Lukas kam die Salbung auch, um gebrochene Herzen zu heilen und ». . . um die Zerschlagenen in Freiheit zu führen«. Was für eine großartige Nachricht für eine zerschlagene Welt! Was der Heilige Geist alles tun könnte, wenn wir ihm zur Verfügung stünden!

Alles, was er braucht, ist ein an ihn hingegebenes Gefäß. Wären Sie bereit, heute dieses Gefäß zu sein? Bitten Sie ihn beim Lesen dieser Seiten darum, Sie zu diesem Gefäß zu machen – jetzt.

Predigen und Zeugnis geben ohne die Salbung wird bei den Menschen, die an einem gebrochenen Herzen leiden, nur wenig ausrichten können. Denken Sie an die Männer, Frauen und Kinder in Ihrem Bekanntenkreis, die von Umständen niedergedrückt und zerschlagen sind und die geheilt werden könnten.

Denken Sie an die Familien, die Geschiedenen, die Einsamen, die Ängstlichen, die Ausgestoßenen, die Selbstmordgefährdeten, die Armen, die Betrogenen. Die Liste läßt sich immer weiter fortsetzen. Nur die Salbung wird die Herzen der Menschen heilen – das ist es, was die Bibel sagt!

Befreiung verkünden

Jesus war auch gesalbt, um den Gefangenen die Freiheit zu verkünden. Die Menschen waren gebunden, gefoltert, von Teufeln gejagt.

Der moderne Mensch lacht, dabei ist Befreiung heute nötiger als je zuvor. Denken Sie an die Gebundenheit, der wir täglich in Zeitung und Fernsehen begegnen, diese schreckliche,»moderne« Gefangenschaft. Alkohol und Drogen. Übermäßige sexuelle Freizügigkeit und Homosexualität. Falsche Religionen und Hexerei. Unrechtmäßig erlangter Reichtum und Materialismus.

Jesus sagte in Markus, Kapitel 16, Vers 17:»In meinem Namen werden sie Dämonen austreiben.« Der Heilige Geist ist die einzige Kraft auf dieser Welt, die die Kraft Satans zerstören kann. Und er hat Ihnen als Gläubigen diese Kraft gegeben. Wir müssen anfangen, meine lieben Heiligen!

Jesus sagte auch, daß er gesalbt war, um den Blinden zu verkünden, daß sie sehen würden. Blindheit beschränkt sich nicht nur auf einen physischen Zustand, er erstreckt sich genauso auf den geistlichen Bereich. Jesus ist die Antwort für beides.

Zu Jesu »Arbeitsbeschreibung« gehörte ebenfalls, genauso wie für uns, der Auftrag,»die Unterdrückten zu befreien«.

Wie persönliche Gebundenheit, so nagen auch vorherrschende Systeme der Unterdrückung an allen Nationen der Welt. Sie werden nur durch die Kraft Gottes fallen.

Der Herrscher über die gegenwärtige Finsternis ist der Meister der Unterdrückung, und er wird nur durch Gottes Kraft besiegt. Deshalb, meine Lieben, müssen die Zeugen Christi die Salbung des Heiligen Geistes, die Kraft des allmächtigen Gottes haben.

Das letzte, aber bei weitem nicht das geringste, was Jesus tat, ist,»das Gnadenjahr des Herrn auszurufen«.

Er sagt, dies ist die Zeit – die Zeit der Gnade. Der Retter der Welt ist gekommen und hat der Menschheit Erlösung gebracht, bevor das Ende kommt.

Was vor uns liegt

Die Bibel spricht viel vom Kommen des Endes. Ich möchte Ihnen einiges von dem mitteilen, was, wie mir der Heilige Geist gezeigt hat, für die Gläubigen eintrifft, während die Endzeit näherkommt. In Apostelgeschichte 3, Verse 19–21, heißt es, daß wir Buße tun sollen,

»damit eure Sünden getilgt werden
und der Herr Zeiten des Aufatmens kommen läßt
und Jesus sendet als den für euch bestimmten Messias.
Ihn muß freilich der Himmel aufnehmen
bis zu den Zeiten der Wiederherstellung von allem,
die Gott von jeher durch den Mund
seiner heiligen Propheten verkündet hat.«

Der Heilige Geist erwähnt hier durch Petrus, daß alles, was verheißen worden war – alles, was die Propheten erklärt hatten –, in Erfüllung gehen würde, bevor Jesus Christus zur Erde zurückkehrt.

Der Geist Gottes führte mich zu Jesaja, Kapitel 35, wo er mir Dinge zeigte, die den Gläubigen versprochen sind, die Dinge, die sehr bald auf uns zukommen. Ich möchte Ihnen das jetzt mitteilen, und bitte bedenken Sie, daß alles, was im Alten Testament geschrieben ist, ein Schatten dessen ist, was Sie und ich in dieser Gnadenzeit empfangen. Wir wandeln in der Realität dessen, was die Propheten des Alten Testamentes ankündigten. Jesaja, Kapitel 35, beginnt:

»Die Wüste und das trockene Land
sollen sich freuen, die Steppe soll jubeln und blühen.

Sie soll prächtig blühen wie eine Lilie,
jubeln soll sie, jubeln und jauchzen.
Die Herrlichkeit des Libanon wird ihr geschenkt,
die Pracht des Karmel und der Ebene Scharon.
Man wird die Herrlichkeit des Herrn sehen,
die Pracht unseres Gottes« (Jes 35,1–2).

Als jemand, der in Israel aufgewachsen ist, kann ich mir sehr gut vorstellen, was gemeint ist, wenn die Bibel von Wüste spricht. Da findet man Schlangen, Skorpione, Trockenheit, Tod. Die Wüste ist ein Bild für den Gläubigen, der auf dem Trockenen schwimmt, der in geistlicher Trockenheit lebt, von Schlangen und ähnlichem umgeben.

Aber Gott verheißt, daß der Tag kommen wird, an dem dieses trockene und leere Leben mit Gottes überfließender Kraft gesegnet wird. Wie soll diesem trockenen und leeren Ort Leben und Segen geschenkt werden?

Jesaja sagt weiter, daß ihr »die Herrlichkeit des Libanon« geschenkt wird. Ich erinnere mich, wie in meiner Kinderzeit die Winde des Libanon im Norden immer mal wieder bis zu uns wehten und ich den wunderbaren Zedernduft vom Libanon wahrnehmen konnte. Über diese Zedern spricht die Bibel, wenn von der Herrlichkeit des Libanon die Rede ist.

Wenn Jesaja von ihrem wunderbaren Duft spricht, sagt er voraus, daß eine neue Atmosphäre der Gegenwart Gottes kommt, die Ihre Wüste – Ihr geistliches Leben – in einen Ort voll Schönheit und Überfluß verwandelt.

Weiter spricht der Prophet von der »Pracht des Karmel und der Ebene Scharon«. Die Scharon-Ebene in Israel ist heute das fruchtbarste Tal im Mittleren Osten, der Ort, wo die besten landwirtschaftlichen Produkte und die schönsten Blumen wachsen. Dasselbe gilt für den Karmel. In Jesaja geht es hier um eine neue Offenbarung des Wortes Gottes, es spricht von der Saat, die gepflanzt wird, um wunderschöne Früchte zu tragen.

»Man wird die Herrlichkeit des Herrn sehen, die Pracht unseres Gottes«, sagt Jesaja. Er spricht von einer neuen Sicht der Herrlichkeit Gottes. Und was ist die Herrlichkeit Gottes, wie wir in Kapitel 7 bereits herausgefunden haben? Sie werden sich daran erinnern, daß Mose Gott bat, seine Herrlichkeit sehen zu dürfen (Ex 33,18). Dann, wie in Exodus, Kapitel 34, Verse 5–6, war das einzige, was er sah, die Eigenschaften, die Persönlichkeit Gottes. In anderen Worten: Jesaja spricht davon, daß wir Gott selbst auf neue Weise sehen werden.

Wenn man das alles zusammennimmt, sehen wir in dieser Passage also Gottes Absicht, um in unserem Leben eine neue Atmosphäre zu schaffen, ein neues Wort vom Himmel zu schenken, eine neue Offenbarung seines Wortes, eine neue Sicht seiner selbst. Wenn das geschieht, dann verwandelt sich unsere Wüstenerfahrung voll Tod und Dürre zum verheißenen Land.

Aber es geht noch weiter. In Vers 3–4 fährt Jesaja fort:

»Macht die erschlafften Hände wieder stark
und die wankenden Knie wieder fest!
Sagt den Verzagten: Habt Mut, fürchtet euch nicht!
Seht, hier ist euer Gott!
Die Rache Gottes wird kommen und seine Vergeltung;
er selbst wird kommen und euch erretten« (Jes 35,3–4).

Es wird weltweit mehr Evangelisationen geben. Jene, die durch die neue Atmosphäre, die neue Offenbarung und die neue Sicht Gottes verwandelt wurden, stärken nun ihre schwachen Hände und Knie und sagen der Welt: »Fürchtet euch nicht, Gott kommt, um euch zu retten!«

Natürlich wurde diese Prophetie über Israel ausgesprochen, aber als Schatten, den das Alte Testament auf das Neue Testament wirft, hat sie auch für Sie und mich eine geistliche Bedeutung. Sicherlich sehen wir überall Wüste, wenn wir uns umschauen, aber Gott will sie für uns verwandeln, und wir werden nie dagewesene, weltweite Evangelisationen erleben, wenn wir zum Dienst in die Welt hinausgehen.

Und welche Folgen kündete Jesaja noch an? Sehen Sie sich die Verse 5–6 an: Die Blinden sollen sehen, die Tauben sollen hören, die Lahmen sollen gehen, die Stummen sollen singen!

Das sind Wunder. Die übernatürliche Kraft Gottes wird freigesetzt, um körperliche Heilung zu bewirken.

Das erinnert mich an einen Tag vor Jahren, als ich hörte, wie Kathryn Kuhlman auf ihre unnachahmliche Weise prophezeite, daß der Tag kommen werde, noch vor der Wiederkunft des Herrn, an dem die Kraft Gottes so stark sein werde, daß jeder geheilt werde. »Es wird keinen einzigen Kranken im Leib Christi mehr geben«, erklärte sie. Mit ihrer üblichen dramatischen Art – dem ausgestreckten Finger und die andere Hand in die Hüfte gestützt – fragte sie: »Könnte das heute sein?«

Natürlich hat sie die Erfüllung dieser Prophetie nie erlebt, aber sie wird eintreten. Der Heilige Geist hat mich davon überzeugt.

Wir sollten nicht skeptisch sein gegenüber Gottes Bereitschaft, auf diese Weise unter seinem Volk zu wirken. In der Schrift finden wir viele Beweise übernatürlichen Eingreifens, inklusive Heilungen. In Psalm 105, Vers 37, zum Beispiel finden wir folgende Aussage über die Kinder Israel in der Zeit, als Gott sie aus Ägypten führte: »In seinen Stämmen fand sich kein Schwächling.« Das schildert einen fantastischen Zustand anhaltender Gesundheit. Göttliche Gesundheit, nicht nur göttliche Heilung. Dauerhafte Heilung. Ich bin zuversichtlich, daß der Tag kommt, an dem jeder Gläubige gesund sein wird.

Hier ist der Schlüsselpunkt: Wenn Gott alle heilen wollte, die unter dem mosaischen Gesetz standen, wieviel mehr wird er in der Zeit der Gnade heilen? Außerdem heilte Jesus, als er auf der Erde war, unter der Ordnung des Gesetzes; um wieviel mehr könnten wir, die wir unter der Ordnung der Gnade stehen, Heilung erleben?

Es ist daher nicht ungewöhnlich, daß Jesaja prophezeit, daß wenn unsere Wüste in Schönheit verwandelt wird, Gott in einer

Zeit weltweiter Evangelisation auf wunderbare Weise Heilungen schenken wird. Die Beschreibung fährt mit einer dritten Folge fort:

>»Dann springt der Lahme wie ein Hirsch,
die Zunge des Stummen jauchzt auf.
In der Wüste brechen Quellen hervor,
und Bäche fließen in der Steppe.
Der glühende Sand wird zum Teich
und das durstige Land zu sprudelnden Quellen« (Jes 35,6–7).

Eine mächtige neue Salbung wird unsere Wüste durchfluten, und Ströme lebendigen Wassers werden hervorbrechen – und von uns ausströmen. Hier geht es nicht um eine Kleinigkeit. Es ist eher ein zusätzliches Geschenk, das Ströme und Teiche und Brunnen hervorbringt – eine mächtige Taufe im Heiligen Geist.

Das Wirken des Geistes in diesen Tagen wird durch uns geschehen. Gott sagte in Joel, Kapitel 3, Vers 1, und Apostelgeschichte, Kapitel 2, Vers 17, nicht, daß er seinen Geist »hinabgießen«, sondern daß er ihn »ausgießen« werde.

Er will uns gebrauchen.

Eine vierte Folge dieser Verwandlung wird von Jesaja folgendermaßen vorausgesagt:

>»An dem Ort, wo jetzt die Schakale sich lagern,
gibt es dann Gras, Schilfrohr und Binsen« (Jes 35,7).

Gott wird sein Volk von allen dämonischen Einflüssen befreien. Die Schakale – die Dämonen –, die bis dahin im Gras gelegen und es zerstört haben, werden vertrieben, und das Erdreich erholt sich.

Fünftens: Der Leib Christi wird Heiligung erleben, wie es in den folgenden Versen beschrieben ist:

>»Eine Straße wird es dort geben;
man nennt sie den Heiligen Weg.
Kein Unreiner darf ihn betreten.

Er gehört dem, der auf ihm geht.
Unerfahrene gehen nicht mehr in die Irre« (Jes 35,8).

Die Heiligung wird so intensiv wirken, daß sogar die Wankelmütigen Entschlossenheit zeigen. Sie werden damit aufhören, von einer Sache zur nächsten zu springen, und auf ihrem Weg bleiben. Die sechste Folge ist folgende:

>»Es wird keinen Löwen dort geben,
kein Raubtier betritt diesen Weg,
keines von ihnen ist hier zu finden.
Dort gehen nur die Erlösten« (Jes 35,9).

Einfach gesagt, wird Satan mitsamt seinen Dämonen im Leib Christi nicht mehr sein und handeln können.
Schließlich:

>»Die vom Herrn Befreiten kehren zurück
und kommen voll Jubel nach Zion.
Ewige Freude ruht auf ihren Häuptern.
Wonne und Freude stellen sich ein,
Kummer und Seufzen entfliehen« (Jes 35,10).

Ich glaube, daß dieser Vers auf die Entrückung hinweist. Denn nur dann, wenn wir nicht mehr in dieser Welt sind, können Leiden und Seufzen entfliehen.

Größere Werke für Sie

Die Bibel erklärt, daß diese Dinge von Gott kommen, und wenn wir uns umschauen, scheint nichts unglaublicher. Doch Jesus sagte an einer anderen Stelle der Bibel über den Gläubigen: »Er wird noch größere Werke vollbringen, denn ich gehe zum Vater« (Joh 14,12).

Es ist erstaunlich. Die Bibel sagt, daß es eine Sache gibt, die wir tun können, aber Jesus nicht. Jahrelang habe ich diese Aussage nicht verstanden. Ich dachte: *Was könnte es Größeres geben als das, was Gott getan hat – größer als Tote auferwecken, Dämonen austreiben, das Meer beruhigen, dem Wind befehlen und die Lahmen, Blinden und Tauben heilen? Was gibt es Größeres?* Dann schenkte mir der Heilige Geist eine Offenbarungserkenntnis, die mein Leben veränderte. Er, der Lazarus von den Toten zurückrufen und die stürmische See zur Ruhe bringen konnte, war nie in der Lage zu sagen:»Schau mich an, einen Sünder, der durch die Gnade Gottes gerettet wurde. Ich war verloren, aber jetzt bin ich daheim, ich war blind, aber nun sehe ich, ich war gefangen, aber jetzt bin ich frei.«

Die Sünde hat den makellosen Sohn des lebendigen Gottes nie berührt. Er ist der einzige, der ein vollkommenes Leben gelebt hat.

Und so können Sie und ich heute in dieser dunklen Welt aufstehen und sagen:»Schaut mich an und seht, was Jesus getan hat.« Die neue Salbung, die auf uns kommt und unsere Wüste verwandelt, wie Jesaja es schilderte, wird uns befähigen, Zeugen für ihn zu sein, und die»größeren Werke« werden auf nie zuvor dagewesene Weise getan.

Denken Sie darüber nach. Es kommt der Tag, an dem die Salbung des Heiligen Geistes in so starker Weise auf uns kommen wird, daß wir weltweite Evangelisation erleben werden, eine weltweite Freisetzung des Übernatürlichen, eine frische Salbung mit Kraft, Befreiung von jedem dämonischen Einfluß im Leib Christi, Heiligkeit in der ganzen Kirche, keinerlei Wirken Satans unter den Gläubigen, das Kommen unseres Herrn und die Entrückung.

Wie aufregend wird das sein! Sind Sie bereit, den Preis zu bezahlen, damit Ihre Wüste verwandelt werden kann?

Die Stimme des Herrn

Eines der Dinge, die die Bibel über diese Verwandlung deutlich sagt, ist, daß wir Gott und seine Herrlichkeit kennen und seine Stimme hören werden. Bevor ich dieses Kapitel beschließe, möchte ich Ihnen etwas sehr Wichtiges dazu erklären, wie man die Stimme Gottes erkennen kann. Denn dadurch, daß wir seine Stimme erkennen, können wir seine Kraft erfahren.

In Apostelgeschichte, Kapitel 1, Vers 4, heißt es, daß der auferstandene Jesus den Aposteln befahl, in Jerusalem zu bleiben und dort auf die Verheißung des Vaters zu warten, die, wie er sagte, »ihr von mir vernommen habt«. Sie kannten seine Stimme, bevor er ihnen sagte, daß sie die Kraft des Geistes empfangen würden (in Vers 8).

Wenn Sie erst einmal seine Stimme zu erkennen wissen, werden Sie ebenso seine Führung erfahren wie einst Philippus (Apg 8,26 ff.); er wurde geleitet, schnell auf der Wüstenstraße in südliche Richtung nach Gaza zu gehen, wo er dann einen äthiopischen Eunuchen in seinem Wagen traf. Der Geist sagt Philippus, er solle zu dem Eunuchen hingehen. Philippus tut es und beginnt, mit dem Mann zu reden, steigt in seinen Wagen und hört ihm zu, wie er ein Stück aus den heiligen Schriften vorliest. Als der Mann ihn fragt, was diese Passage zu bedeuten habe, »begann Philippus zu reden, und ausgehend von diesem Schriftwort verkündete er ihm das Evangelium von Jesus« (Vers 35).

Der Mann bekehrte sich und wurde getauft, einfach weil Philippus dem Geist gehorcht hatte, und die Salbung fiel auf ihn, als er »begann zu reden« und »das Evangelium von Jesus« predigte. Auf seine Stimme zu hören und ihr zu gehorchen ist von zentraler Wichtigkeit, wenn wir Salbung empfangen wollen.

Die Salbung kommt auf Sie, wenn Sie Jesus bezeugen. Und wenn sie kommt, müssen Sie darauf reagieren.

Wachen Sie über der Salbung; schätzen Sie sie. Wenn Sie den Heiligen Geist kennen und wissen, wie er wirkt, werden Sie zur

Zeit und zur Unzeit bereit sein. Manchmal wirkt er so atemberaubend schnell, daß Ihnen schwindlig wird. Ich glaube, das ist auch der Grund, weshalb Philippus so schnell lief. Er wußte, er hatte die Gelegenheit, einen Menschen für Gott zu gewinnen. Andere Male wirkt der Geist allmählich, und Sie müssen einfach mit ihm gehen und darauf warten, daß er die Führung übernimmt.

Denken Sie daran: Er folgt nicht Ihnen, sondern Sie folgen ihm.

Lernen Sie, auf seine Stimme zu hören. Solange Sie diese Stimme nicht kennen, werden Sie auch seine Kraft nicht erleben. Wie ich schon sagte, empfingen die Apostel in Apostelgeschichte, Kapitel 1, Vers 4 und Vers 8, die Kraft nicht. Erst als sie die Stimme ihres Meisters vernommen hatten. Er wird Sie unausweichlich dahin führen, Menschen für sein Reich zu gewinnen.

In Johannes, Kapitel 10, Verse 3–4, sagt Jesus ganz deutlich, daß er uns mit unserem Namen rufen und führen will. Hören Sie seine Stimme? Jesus sagt, daß seine Schafe seine Stimme kennen. In Vers 27 wiederholt er diese wichtige Botschaft für alle Gläubigen: »Meine Schafe hören auf meine Stimme; ich kenne sie und sie folgen mir.«

Wenn Sie sagen, Sie kennen Jesus, dann sollten Sie seine Stimme kennen und seiner Führung in Ihrem Leben folgen.

Aber es beinhaltet noch mehr. Wir sollen ihm Tag für Tag folgen. Hören Sie täglich auf seine Stimme. Psalm 95, Vers 7, fordert uns auf, jeden Tag, heute, auf Gottes Stimme zu hören.

Die Frage ist nicht, ob Gott heute zu Ihnen spricht, sondern ob Sie ihm zuhören, wenn er heute zu Ihnen spricht.

Warum ist es so, daß die Menschen nicht auf einen Gott hören, der sie kennt, liebt und in seinem Frieden führen möchte?

Ein Grund ist, daß wir uns weigern, ihm zuzuhören. Psalm 95, Vers 8, warnt uns davor, unsere Herzen zu verhärten und uns gegen Gott zu wenden.

Sie müssen mit Gott zusammensein wollen, seine Stimme hören wollen. Pflegen Sie in Gebet und Anbetung Gemeinschaft mit ihm. Wenn Sie in Sünde leben und noch nicht Buße getan haben, dürfen Sie durch seine Gnade und Güte zu ihm zurückkehren. Wir dürfen ihn nicht ablehnen, so werden wir in Hebräer, Kapitel 12, Vers 25, gewarnt.

Was müssen Sie tun, um in seine Gegenwart zurückzukehren, um heute seine Stimme in Ihrem Leben zu hören?

Erstens müssen Sie sich von allen Ablenkungen zurückziehen. In Jesaja, Kapitel 30, Vers 15 und Vers 21, ist die Rede davon, zu Stille und Vertrauen zurückzukehren und auf Gott zu hören, wie er unsere Schritte lenkt. Zuerst schenken wir Gott aber unsere Aufmerksamkeit.

Zweitens müssen wir im Gebet mit ihm reden, dann werden wir hören, wie seine Stimme antwortet. Denken Sie daran: Ohne die Gegenwart des Heiligen Geistes werden Sie die Stimme Gottes nie erkennen können. Wenn Sie sich von Ablenkungen zurückziehen und zulassen, daß der Heilige Geist auf Sie kommt, dann wird Gott sprechen.

Außerdem hörte Jesus die Stimme Gottes, weil er ohne Unterlaß nach seinem Willen suchte. Er hörte, weil er gehorchte (vgl. Joh 5,30).

Schließlich ruft uns Gott auf, nach Gerechtigkeit zu hungern und zu dürsten (Mt 5,6), zu beten und sein Angesicht zu suchen (2 Chron 7,14).

Gott ruft Sie heute, zu ihm zurückzukehren. Nehmen Sie sich jetzt gleich einen Moment Zeit zum Zuhören; ich weiß, daß Sie seine Stimme hören werden. Sind Sie bereit, seine Kraft in Ihrem Leben zu erfahren?

Werden Sie jetzt still und lassen Sie ihn zu sich sprechen. Hören Sie ihm heute zu, wie er sagt: »Hier ist der Weg, auf ihm müßt ihr gehen« (Jes 30,21). Dann werden Sie seine Gegenwart und Kraft erfahren.

Kapitel 15

Ölwechsel fällig?

Oft vergleicht die Bibel die Salbung des Heiligen Geistes mit Öl. Beide sind spürbar und erfahrbar. Und ein paar Beobachtungen über die Eigenschaften und die Qualitäten von Öl können wirklich hilfreich sein, das Wirken des Heiligen Geistes zu verstehen. Zum Beispiel verdunstet Öl, wenn es nicht regelmäßig wieder aufgefüllt wird, und verflüchtigt sich. Probieren Sie es doch einmal aus. Schütten Sie ein wenig Öl in einen Behälter und lassen Sie ihn lange Zeit stehen. Sie werden merken, daß ein Teil des Öls verdunstet ist. Wenn entsprechend lange Zeit vergangen ist, werden Sie feststellen, daß der Behälter, in dem sich das Öl befand, leer ist, kaum eine Spur von Öl wird mehr vorhanden sein.

Der Geist »verdunstet« zwar nicht, aber vielleicht meinen Sie, es wäre so, wenn Sie ihn auf entsprechende Weise vernachlässigen. Sie müssen also beständig zulassen, daß das Öl des Geistes über Sie fließt und Ihr geistliches Leben erfrischt. Sie können dies durch Gebet, durch Gemeinschaft mit Gott und durch das Lesen seines Wortes tun.

Die Salbung wird auf Ihrem Leben bleiben, wenn Sie weiter mit Gott reden (nicht nur zu ihm!) und mit ihm gehen. Wenn Sie Zeit in seiner Gegenwart verbringen, wird das reiche Öl des Heiligen Geistes über Ihr Leben fließen und Ihren Geist erfrischen und erneuern.

Eine weitere interessante Eigenschaft von Öl besteht darin, daß es ausläuft, wenn in dem Behälter ein Loch ist. Auch wenn das Loch klein oder für das natürliche Auge nicht sichtbar ist, so kann doch irgendein Defekt oder Makel am Material des Behälters vorhanden sein, so daß das Öl dadurch ausläuft.

Der Epheserbrief, Kapitel 4, warnt Sie vor solchen möglichen »Löchern« in Ihrem Gefäß, wenn hier davon die Rede ist, dem

Teufel keinen »Raum« zu lassen. Das Wort *Raum* stammt von dem griechischen Wort für »Straße« oder »Fenster«. So sollen Sie dem Teufel keinen Weg freilassen. Lassen Sie nicht zu, daß sich Löcher von Bitterkeit, Nicht-vergeben-Wollen, Selbstmitleid und ähnlichem in Ihr Leben einschleichen. Denn sonst wird das wertvolle Öl des Geistes auslaufen.

Diese »Löcher«, die Ihr Gefäß angreifen, sind so subtil, daß sie – wenn sie beispielsweise bereits in der Kindheit entstanden sind – sehr schwer zu erkennen sind.

Bitterkeit kann sich fast unbemerkt einschleichen. Und wie viele Male sind Sie jemandem begegnet, der eine Menge Öl verliert, weil sein Gefäß von Selbstmitleid leckgeschlagen ist? Alles, was Sie von solchen Leuten hören, ist: »Oh, was bin ich so arm dran!«

Wenn Sie sich nach Salbung ausstrecken und darin wandeln wollen, ist es unabdingbar, daß Sie vor solchen Löchern auf der Hut sind und sich darauf konzentrieren, Ihr Öl frischzuhalten.

Eine weitere Wahrheit über Öl ist, daß nur frisches Öl die richtige Dichte – Dicke – hat, um eine Maschine oder einen Motor auf normale Weise am Laufen zu halten. Diese Dichte nennt man auch Viskosität, und sie ist sehr wichtig, denn sie gibt an, wie beständig das Öl gegen Hitze und Druck ist und in welchem Maß es Reibung oder Druck reduzieren kann. Je niedriger die Viskosität, desto geringer ist die Schutzwirkung des Öls gegen Druck.

Wie Sie wissen, ist es wichtig, daß Sie bei Ihrem Auto regelmäßig einen Ölwechsel vornehmen lassen – und zwar ist es so wichtig, daß die meisten Autohersteller alle fünf- bis fünfzehntausend Kilometer einen Ölwechsel empfehlen, um das Auto im bestmöglichen Ausmaß nutzen zu können. Anderenfalls wird das Öl dem Motor eher schaden, als daß es nutzt.

Genauso wird Ihre Salbung in der Hitze des geistlichen Kampfes dünn werden. Darum müssen Sie Ihrem Gebet und Bibelstudium täglich Aufmerksamkeit widmen. Das ist die einzige Möglichkeit, Ihre geistliche Dichte und Stärke aufrechtzuerhalten.

Einige heikle Fragen

Also, wie frisch ist Ihr Öl? Fügen Sie ständig frisches Öl dazu, oder arbeiten Sie mit altem Öl, einer »alten Salbung«? Ist Gottes Wirken in Ihrem Leben schal geworden? Beginnt es zu verdunsten? Hat Ihr Gefäß einen Sprung? Leckt es?

Ich weiß, daß jetzt einige von Ihnen »Autsch!« sagen. Ich hoffe, der Schmerz ist schlimm genug, daß Sie die Frische, den Stand und die Stärke Ihrer Salbung nachprüfen.

Zusätzlich zu Bibelstudium und Gebet (die unerläßlich sind) sollten Sie immer wieder Männern und Frauen Gottes zuhören. Ich beispielsweise höre mir oft Predigten von Kathryn Kuhlman auf Band an, und ich lese so viele christliche Bücher, wie ich kann. Es ist wichtig für Ihr geistliches Wesen und Wachstum, daß Sie regelmäßig durch andere Diener Gottes ermutigt werden und gute Nahrung bekommen.

Im 2. Timotheusbrief, Kapitel 4, Vers 13, bittet Paulus Timotheus, die Bücher mitzubringen, wenn er Paulus das nächste Mal besucht. Ich kann nicht genug betonen, wie wichtig es ist, von anderen, reiferen Christen zu lernen. Dies ist eine weitere Möglichkeit für Sie, um sicherzugehen, daß Ihr geistliches Öl regelmäßig erneuert wird.

Das Bemühen, aus Realitäten der Vergangenheit zu leben, führt zu einem langsamen und sehr trügerischen geistlichen Sterbeprozeß. Es gibt nichts Schlimmeres, als beobachten zu müssen, wie jemand, der denkt, er sei geistlich lebendig, in Wirklichkeit tot ist. Die schlimmste Todesart ist doch die, zu sterben und dabei nicht zu erkennen, daß aus Ihrer Realität lediglich Rituale religiöser Aktivität geworden sind.

Wie oft habe ich in ähnlicher Weise Christen beobachtet, die ständig umherhüpfen und -hampeln, tanzen und sich lautstark äußern, wenn Sie Gott loben. Es mag eine Zeit gegeben haben, in der Gott auf mächtige Weise bei ihnen gewirkt hat, so daß sie nicht stillhalten konnten und deshalb gezittert, getanzt oder ähnliches getan haben. Aber nun ist aus dieser ursprünglichen Erfahrung eine religiöse Aktivität oder Tradition geworden. Wenn Gott der Urheber und die Kraft hinter solchem Verhalten ist, dann ist es wunderschön. Aber wenn es nur eine religiöse Tradition ist – ein Ritual – dann ist es lediglich das Überbleibsel einer vergangenen Realität. Es hat zwar die Form von etwas Göttlichem, aber es widerspricht seiner Kraft (2 Tim 3,5).

Wenn Ihr Öl frisch ist, dann hat es auch einen wunderbaren Duft. Aber es gibt nichts Unangenehmeres als den Geruch von altem, verrottetem Öl. Haben Sie schon einmal verdorbenes Olivenöl gerochen? Es ist wirklich abscheulich.

Genauso wie natürliches Öl duften kann, so kann es auch das geistliche Öl. Geistlicher Duft geht von Gottes Volk aus. Wenn das Leben seiner Kinder vom frischen Öl des Geistes erfüllt ist, dann werden Sie einen süßen Duft wahrnehmen. Wenn das Öl abgestanden ist und das »Fleisch« die Vorherrschaft übernimmt, dann macht sich ein ranziger Geruch breit.

Verwandelndes Öl

In 1. Samuel, Kapitel 10, finden Sie den Bericht von Samuel, als er Saul mit Öl salbte. Saul wurde verwandelt. »Dann wird der Geist des Herrn über dich kommen, und du wirst wie sie in Verzückung geraten und in einen anderen Menschen verwandelt werden«, heißt es in Vers 6. Die Salbung macht aus Ihnen einen anderen Menschen. Ich habe in unseren Veranstaltungen gesehen, daß die Menschen mutig und stark werden, und Sie können das ebenso erleben. Ihre Gedanken werden ganz klar. Ihr Geist wird sensibel. Sie werden sich der unsichtbaren Welt um sich herum bewußt.

Ja, wie in Vers 6 bis Vers 9 steht, wurde Saul gesalbt und dadurch zu einem anderen Menschen. Gott gebrauchte ihn, um Tausende von Philistern zu besiegen. Er wurde König über Israel. Aber dann entstanden tragischerweise Lecks und Risse. 2. Samuel, Kapitel 1, Vers 21, berichtet uns:

148

»Ihr Berge in Gilboa,
kein Tau und kein Regen falle auf euch,
ihr trügerischen Gefilde.
Denn dort wurde der Schild der Helden befleckt,
der Schild des Saul,
als wäre er nicht mit Öl gesalbt« (2 Sam 1,21).

Die Soldaten hatten ganz bestimmte Methoden, mit denen sie ihre Waffen instand hielten. Ihre Kampfschilde beispielsweise, die aus Leder gefertigt waren, mußten zur Haltbarmachung immer mit Öl eingerieben werden. Das »Einreiben mit Öl« ist ein Bild für die Salbung, denn wenn unser Leben mit der Salbung des Heiligen Geistes sozusagen eingerieben wird, dann wird es brauchbar für das Reich Gottes. Wie dem auch sei, Saul wurde, »als wäre er nicht mit Öl gesalbt«. Er hatte die Salbung durch die Sünde verloren.

1. Samuel, Kapitel 3, Verse 11–15, berichtet über den Kampf von Saul und seiner Armee gegen die Philister. Samuel, der Richter und Prophet, hatte versprochen, selbst bestimmte Opfer zu bringen (10,8), bevor Israel in die Schlacht zog. Als er nicht zum erwarteten Zeitpunkt eintraf, dachte Saul dummerweise, er hätte die Autorität und könne selbst Israels Gewinnchancen gegen die Philister erhöhen und brachte das Brandopfer an Samuels Stelle dar. Durch diesen Ungehorsam übertrat Saul gottgegebene, grundlegende Maßstäbe für das Amt des Königs und des Propheten. Er sündigte, und Gott sah ihn an, als wäre er nie gesalbt worden.

Nachdem Sie einmal die Kraft der königlichen Salbung und die damit einhergehende Vertrautheit mit Gott kennengelernt haben, von der ich schrieb, würde ein Verlust derselben bedeuten, daß Sie auch den Schutzschild, den Tau, den Regen des göttlichen Segens verlieren würden.

Nach seinem Schritt des Ungehorsams kämpfte Saul ohne Salbung gegen die Philister und wurde vernichtend geschlagen. Gott nannte sein Handeln Rebellion und verglich es sogar mit der Sünde der Hexerei. Vor Gott war es verabscheuenswürdig.

Es kam soweit, daß Saul, als er die königliche Salbung verlor, von einem bösen Geist heimgesucht und besetzt wurde. Die königliche Salbung hatte ihm Vollmacht über Satan gegeben, aber als er die Salbung verlor, vertauschten sich die Rollen, und Satan gewann die Macht über Saul. Auch Judas verlor die königliche Salbung, wie Sie sich erinnern können. Jesus hatte zu ihm und zu den anderen elf gesagt:»Geht, ich gebe euch Vollmacht. Treibt Dämonen aus.« Als Judas die Salbung verlor, ergriff der Teufel Besitz von ihm, und er verleugnete Jesus.

Bleiben Sie in Bewegung

Wenn das reinigende Öl der Erlösung über Sie ausgegossen wurde und Sie die»Salbung des Aussätzigen« erfahren haben, bleiben Sie dabei nicht stehen!

Gehen Sie weiter, lassen Sie das frische Öl der priesterlichen Salbung Sie täglich überströmen. Sie bringt Sie in eine ganz vertraute Beziehung und Gemeinschaft mit dem Heiligen Geist. Verbringen Sie Zeit in seiner Gegenwart und erlauben Sie ihm, Sie mit seinem Wesen und seiner Kraft zu erfüllen. Dann werden Sie fest werden und zu der»königlichen Salbung« gelangen, die auch die Macht über Satan mit sich bringt.

Wachen Sie gut über der Salbung.»Wem viel gegeben wurde, von dem wird viel zurückgefordert werden« (Lk 12,48).

Denken Sie daran: Sie können nicht mit dem Öl von gestern durch den heutigen Tag zu kommen. Gottes Brunnen trocknet niemals aus. Also werden Sie nicht träge, bleiben Sie nicht stehen. Laden Sie den Heiligen Geist ein, sein»Öl« über Sie auszugießen und Sie zu erneuern und zu erfrischen. Im Hebräischen heißt das Wort»salben« *mashach*, was soviel bedeutet wie»einreiben«. Das griechische Wort *chrism* wiederum bedeutet»schmieren«. Ist das nicht perfekt? Ich möchte, daß die Salbung sich über mich ergießt und ich eingerieben werde – nicht nur äußerlich, sondern richtig eingerieben.

Schafe und Öl

Weiter oben erwähnte ich das »Einreiben mit Öl« in Verbindung mit Saul und seinem Verlust der Salbung. Das »Reiben« hat aber in der Schrift noch andere Bedeutung. In Psalm 23, Vers 5, sagt David:»Du salbst mein Haupt mit Öl, du füllst mir reichlich den Becher.«

Vor dem Hintergrund des Bildes des Schäfers mit seinen Schafen ist es hilfreich zu wissen, daß im Mittleren Osten, wo ich geboren wurde und aufwuchs, die Hirten regelmäßig ihre Schafe mit Olivenöl einrieben, um Insekten abzuhalten.

Im Heiligen Land gibt es viel Ungeziefer, und die einzige Möglichkeit, den Schafen Ruhe vor ihnen zu verschaffen, ist, sie mit Öl einzureiben.

Für Sie und mich versinnbildlicht das, daß wir durch die Kraft des Heiligen Geistes von der Plage der Dämonen befreit bleiben. Und außerdem bestätigt es, daß Christen nach ihrer Bekehrung den Heiligen Geist in sich haben und nicht Dämonen. Sie erleben die Sicherheit und den Frieden der Salbung.

Die Vorstellung des »Einreibens« findet sich auch in den drei »Schlüsseln«, die uns den Weg zur Erhaltung und zur Verstärkung der Salbung erschließen.

Erster Schlüssel: Gott sieht immer danach, ob Sie das, was Sie bereits haben, gut bewachen. Denken Sie an Gottes Ermahnung an David, nachdem er mit Batseba gesündigt hatte:»Ich habe dir das Haus deines Herrn und die Frauen deines Herrn in den Schoß gegeben, und ich habe dir das Haus Israel und Juda gegeben, und wenn das zu wenig ist, gebe ich dir noch manches andere dazu. Aber warum hast du das Wort des Herrn verachtet und etwas getan, was ihm mißfällt?« (2 Sam 12,8–9). Natürlich tat David Buße, wie wir in Psalm 51 lesen, und er wurde wieder mit Gottes Gegenwart und Kraft gesegnet.

Bevor Gott Ihnen mehr gibt, will er sehen, was Sie mit dem getan haben, was Sie bereits hatten.

Der zweite Schlüssel findet sich in Lukas, Kapitel 24, Verse 28–31, im Bericht der zwei Männer, die auf dem Weg nach Emmaus waren, als ihnen der auferstandene Christus begegnete. Als sie im Dorf eintrafen, wollte Jesus weiterreisen. »Aber sie drängten ihn und sagten: Bleib doch bei uns«, heißt es in der Schrift, und er offenbarte sich ihnen später beim Brotbrechen. Hätten Sie ihn nicht gedrängt, hätten sie diese Offenbarung nicht erfahren.

Viele Menschen heutzutage erfahren die Offenbarung Jesu nicht, weil sie ihn nicht darum bitten, bei ihnen zu bleiben. Sie geben zu leicht auf.

Er kommt im Gebet zu Ihnen, aber Sie nehmen fälschlicherweise an, daß, wenn die Gegenwart zu verschwinden scheint, Gott fertig mit Ihnen ist. Das nächste Mal, wenn Ihnen das geschieht, dann bleiben Sie ein bißchen länger dabei und bedrängen Sie Gott, Sie nicht zu verlassen. Auf Sie wartet eine Offenbarung genau jenseits dieses Punktes.

Drittens: Ihr Umgang ist wichtig. Pflegen Sie Kontakt mit gesalbten Menschen – es wird sich auf Ihr Leben »niederschlagen«. Sie werden Sie beeinflussen, und das wird fantastische Resultate bewirken. Erinnern Sie sich noch, als eine Gruppe Ausgestoßener David folgte (1 Sam 22,2)? Auch sie wurden aufgrund ihres Umgangs mit ihm zu mächtigen Männern und Kämpfern (2 Sam 8,15–18). Die Salbung auf Davids Leben hatte sich auf ihr Leben niedergeschlagen. Dasselbe geschah mit den Jüngern. Sie empfingen die Salbung als Folge ihres Umgangs mit Jesus Christus (Apg 4,13). Ist es nicht erstaunlich, was alles geschehen kann, wenn Sie Zeit mit Männern und Frauen Gottes verbringen?

Sehnen Sie sich – auch beim Lesen dieser Zeilen – danach, die Herrlichkeit seiner Gegenwart und die Salbung seines Geistes kennenzulernen, die mit seiner Kraft einhergeht? Dann laden Sie ihn gerade jetzt in Ihr Leben ein. Auch wenn Sie wissen, daß Sie erlöst und mit dem Heiligen Geist getauft sind, sagen Sie: »Heiliger Geist, hilf mir, selbst leer zu werden, damit ich von dir erfüllt werden kann. Fülle mich mit deiner Gegenwart, daß ich deine Kraft kennenlernen kann . . . daß ich deine Herrlichkeit sehen kann . . . daß ich die wunderbare Salbung deines Geistes erleben kann.«

Wenn Sie lernen, seine Gegenwart zu erkennen, seine Person, seine Herrlichkeit, wenn er Ihr ganzes Wesen durchdringt, dann wird seine Kraft Ihr Leben erfüllen, und die Salbung seines Geistes wird Ihnen gehören.

Kapitel 16

Eine doppelte Portion

Wie würde es Ihnen gefallen, nicht einfach nur die Salbung des Heiligen Geistes auf Ihrem Leben zu empfangen, sondern gleich eine doppelte Portion davon? Überlegen Sie mal: Die Gegenwart seines Heiligen Geistes jeden Tag neu und eine doppelte Portion seiner Kraft.

Die Geschichte von Elija und Elischa ist eine aufregende Geschichte darüber, wie wir eine doppelte Portion bekommen können. Der größte Herzenswunsch Elischas war es, eine doppelte Portion der Salbung zu empfangen, die Elija hatte, und so geschah es auch. Wir können aus den Gehorsamsschritten lernen, die ihn zu diesem fantastischen Geschenk führten.

Beginnen wir mit der Erkenntnis, daß der Prophet Elija im Alten Testament ein Typus unseres Herrn Jesus Christus ist, Elischa dagegen ist eher ein Typus Mensch wie Sie und ich. Ich habe entdeckt, daß alles im Alten Testament wie ein Schatten ist, ein Schatten dessen, was wir durch das Neue Testament tatsächlich empfangen haben.

Mose, Elija, Elischa und all die anderen Propheten lebten als Schatten, quasi als Vorbild, um uns zu zeigen, was Gott von uns will und wie wir nach seinem Willen leben sollen.

Wenn Sie die Bibel lesen, denken Sie daran, daß Jesus Christus die Wirklichkeit des Wortes Gottes ist und daß die Propheten, die es vor ihm auf der Erde gab, ein Schatten dieser Wirklichkeit waren. Die Propheten waren Vorboten dessen, was kommen sollte. Eine weitere Erklärungsweise wäre, daß das Alte Testament, obwohl absolut wahr, gleichsam ein Schatten der Wahrheit ist. Die Wahrheit ist Christus. Wenn Sie also das Alte Testament lesen, sollten Sie im Blick behalten, daß Sie auf den Schatten der wahren Wirklichkeit schauen, die zu jener Zeit noch im Himmel weilte.

Mit seinem Kommen auf die Erde wurde der, der unter dem Alten Bund durch Schatten sprach, greifbare Wirklichkeit. Aber der, der diese Wirklichkeit ist, hat seit jeher existiert.

Ich bin überzeugt, daß jede Einzelheit der Bibel – Altes und Neues Testament – Bedeutung hat, denn es repräsentiert Jesus. Es gibt keine bedeutungslosen Details.

Daher glaube ich, daß es nicht unrealistisch wäre, diese doppelte Portion zu erwünschen, nach der sich auch Elischa sehnte.

Die Vorbereitung

In 1. Könige, Kapitel 19, Vers 16, gibt Gott Elija folgende Anweisung:»Jehu, den Sohn Nimschis, sollst du zum König von Israel salben, und Elischa, den Sohn Schafats aus Abel-Mehola, salbe zum Propheten an deiner Stelle.«

Die Geschichte berichtet weiter, daß Elija der Anweisung folgt und dabei Elischa begegnet, der mit zwölf Joch Ochsen (das sind vierundzwanzig Ochsen) dabei war zu pflügen. Das bedeutet, daß sein Vater, Schafat, sehr reich gewesen sein mußte, denn zu jener Zeit besaßen einige der Wohlhabendsten höchstens sechs Ochsen. So begegnet uns der jüngere Mann erst einmal schmutzig, verschwitzt und schwerbeschäftigt bei einer niedrigen Arbeit – also nicht gerade so, wie wir uns einen Propheten vorstellen. Aber Gott kannte den, der Elijas Dienst zu Ende führen sollte.

Die Bibel sagt, Elija »warf im Vorbeigehen seinen Mantel über ihn«, als Zeichen, daß Elischa sein Nachfolger werden sollte. Ohne zu zögern und offensichtlich eifrig rannte Elischa hinter Elija her und sagte:»Laß mich noch meinem Vater und meiner Mutter den Abschiedskuß geben; dann werde ich dir folgen.« Das zeugte von seinem großen Respekt für seine Eltern.

Aber dann »ging Elischa von ihm weg, nahm seine zwei Rinder und schlachtete sie. Mit dem Joch der Rinder kochte er das Fleisch und setzte es den Leuten zum Essen vor. Dann stand er auf, folgte Elija und trat in seinen Dienst.«

Welche Bedeutung hat sein Handeln? Es zeigt, daß er sein bisheriges Leben völlig aufgab. Er verließ es und vergaß es. Gott wird Sie nie zu jenem doppelten Segen führen, solange Sie noch Lasten der Vergangenheit mit sich herumschleppen. Sie müssen sie vergessen.

Paulus formuliert es so:»Ich vergesse, was hinter mir liegt, und strecke mich nach dem aus, was vor mir ist« (Phil 3,13). Nur wenn Sie Ihr Gestern loslassen, können Sie die Verheißungen für morgen in Empfang nehmen.

Gott wählte sich nicht einen Mann mit natürlichen Talenten aus, sondern einen Mann des Glaubens, der bereit war, einer der Diener der Propheten zu sein. Sind Sie bereit, heute in Ihrem Leben dasselbe zu tun? Es ist der erste Schritt auf dem Weg zu einer doppelten Salbung.

Auf der Reise

In 2. Könige, Kapitel 2, lesen wir, wie Elija an verschiedene Orte reist, die ich auch für unseren Weg mit Jesus Christus bedeutend und wichtig finde.

Zuerst ist er in Gilgal, wo tags die Wolke und nachts das Feuer, die lange Zeit das Volk Israel auf dem Weg durch die Wüste geführt hatten, auf einmal nicht mehr zu sehen waren. Dieser Ort steht für einen Ort religiöser Aktivität ohne übernatürliche Kraft. Es ist der Ort, wo Josua war, wie in Josua, Kapitel 5, beschrieben, ein Ort, an dem er Ägypten vergessen sollte –»Heute habe ich die ägyptische Schande von euch abgewälzt. Darum nennt man diesen Ort bis zum heutigen Tag Gilgal (Wälzplatz)« (Jos 5,9).

Es ist der Ort, an dem Sie Ihr altes Leben vergessen und sagen: »Ich bin jetzt von neuem geboren; meine Sünden sind weggewaschen. Mir geht es gut.«

In Vers 10 bis Vers 12 jedoch heißt es, daß die Israeliten, nachdem sie das Pascha gehalten hatten, doch wieder»von den Erträgen des Landes« aßen.

Sehen Sie, die Kinder Israel waren von Gott abhängig, einmal für ihre Befreiung aus Ägypten und genauso für ihre tägliche Ernährung danach. Gottes wunderbare Versorgung jeden Tag war unglaublich. Jeden Morgen, wenn sie aufwachten, fanden sie Manna auf dem Boden liegen, von dem sie auflasen, was sie an einem Tag brauchten – jeden Tag gab es frisches.

Aber schließlich nahmen sie es als selbstverständlich hin und begannen sogar, sich darüber zu beklagen, daß es ständig das gleiche gab, trotz der wundersamen, liebevollen Art und Weise ihrer Versorgung. Als sich die Gelegenheit bot, aßen sie von dem alten Getreide, und von dem Tag an blieb das Manna aus!

Was bedeutet das alles für uns? »Gilgal« ist in Ihrer und meiner Erfahrung der Ort, zu dem wir nach unserer Erlösungserfahrung kommen, er ist symbolisiert durch die Befreiung aus Ägypten. Wir verlassen unser sündiges Leben und laufen in die ausgestreckten Arme unseres Erretters, glücklich, dem Ort, an dem wir so lange gefangen waren, entkommen zu sein.

Aber auch in »Gilgal« vergessen wir schnell, wie schrecklich unser Ägypten war, dem wir nur durch das übernatürliche Eingreifen Gottes entkommen waren. Sobald wir es uns bequem machen und nicht mehr länger abhängig von Gott scheinen, sehen wir auch nicht mehr die Notwendigkeit für das Übernatürliche. Wir meinen, wir können die Dinge selbst erledigen. Und so bleibt das Manna aus, gemeinsam mit der Herrlichkeit Gottes, die in der Wolke und in der Feuersäule offenbart wurde.

Was schließe ich also aus Elijas und Elischas Aufenthalt in Gilgal? Wie gesagt, Gilgal steht für Religion ohne Kraft. Keiner von uns will das wirklich von Anfang an, aber trotzdem enden viele genau da. Und viele von uns werden so bequem in Gilgal, daß wir nie weitergehen. Wir sind glücklich, gerettet zu sein, und wir sind zufrieden mit unseren religiösen Aktivitäten; glücklich mit geistlicher Mittelmäßigkeit in »der ersten Gemeinde von Gilgal«; nie wachsen oder reifen wir so, daß die doppelte Portion der göttlichen Salbung wirksam wird.

Ich habe mit sehr vielen Leuten darüber gesprochen, die sich folgendermaßen äußern:»Wenn ich nur wieder fühlen könnte, was ich fühlte, als ich gerettet wurde«, oder:»Wenn ich mich nur wieder so fühlen könnte wie bei der Erfüllung mit dem Geist.« Aber trotz alledem gibt es einen tröstlichen Gedanken. Gott geht aus einem bestimmten Grund mit Ihnen nach Gilgal: Er will Ihnen zeigen, daß ein Leben ohne das Übernatürliche nicht das ist, was ein christliches Leben sein soll.

Wir müssen über Gilgal hinausgehen. Unsere Haltung muß ähnlich der des Elischa sein:»Ich bleibe hier nicht stehen. Ich gehe weiter auf das doppelte Maß zu!«

Weiter nach Bet-El

Nachdem sie Gilgal verlassen hatten, gingen Elija und Elischa nach Bet-El (2 Kön 2,2). Dies sehe ich als Ort großer Entscheidungen, als Ort, wo Sie Gott alles ausliefern können, einen Ort, an dem Sie Ihren eigenen Wünschen sterben. Denken Sie darüber nach. Der Name Bet-El zieht sich durch den ganzen Alten Bund. Es war der Ort, an dem Abraham sein Zelt aufschlug und beschloß, für Gott zu leben. Es war der Ort, an dem sein Enkel, Jakob, Gott sagte, er würde ihm folgen und dienen. Es war der Ort, an den er zurückkehrte, um mit Gott zu kämpfen und von Jakob in Israel verwandelt zu werden. Es war der Ort, wo Samuel zum ersten Mal Gottes Stimme hörte. Es war der Ort, an dem Saul das Wort ablehnte und alles verlor, einschließlich seines Königreiches. Manche, die an ihrem Bet-El ankommen, erringen große Erfolge, andere wiederum versagen.

Aber seltsamerweise ist es so: Sobald Sie Bet-El erreichen, können Sie alles ausliefern und hingeben, aber Sie werden an diesem Ort nicht das doppelte Maß an Salbung finden.

In Bet-El sagte Elija zu Elischa:»Bleib hier, Elischa; denn der Herr hat mich nach Jericho gesandt.« Aber Elischa antwortete rasch: »So wahr der Herr lebt, und so wahr du lebst: Ich verlasse dich nicht.

Auf keinen Fall«, sagte Elischa. »Du gehst nicht ohne mich. Hier gibt es keine doppelte Salbung. Sie findet sich irgendwo anders, und ich werde sie kriegen!«

Sie können entscheiden, ob Sie in Bet-El bleiben oder sogar zurück zur Mittelmäßigkeit Gilgals gehen möchten. Oder Sie können weiter vorangehen und die Segnungen Gottes erlangen.

Jericho, ein Ort der Tat

Als nächstes kamen sie an den Ort des Kampfes – Jericho. Es war in der Nähe von Jericho, wo Jesus Satan begegnete und vierzig Tage und Nächte lang versucht wurde. Hier stürzten zu Josuas Zeiten die Mauern ein.

Wenn Sie in Jericho ankommen, wird Satan Ihnen entgegenstehen, er wird Ihre Finanzen attackieren, Ihren Körper, Ihre Gedanken, Ihre Familie. Hier kämpfen Sie gegen den Teufel und alle Mächte der Hölle, aber hier finden Sie auch den Herrscher über alles. Sie können sicher sein: Wenn Sie sich entscheiden, Ihr Ich zu opfern und Gott zu folgen, dann wird der Teufel auftauchen und gegen Sie kämpfen. Aber der Herrscher über alles ist da und bereit, Ihnen mit dem Schwert beizustehen. Sie können sicher sein, daß Ihr Sieg nicht fern liegt, denn die Geburt eines Wunders ist immer von Krieg und Kampf umgeben.

Verzögern Sie die Reise nicht

In meinem eigenen Jericho versuchte Satan in den achtziger Jahren, meinen Dienst zu zerstreuen.

Ich erinnere mich an die Fallen der Monotonie, Trägheit und Langeweile, die vor meinen Füßen lagen. Es bestand eine schrecklich große Gefahr, die Salbung zu leichtfertig zu behandeln. Und die ganze Zeit lag das Übermaß an Salbung kurz vor mir, wie das immer der Fall ist. Alles, was ich tun mußte, war, meine Augen zu öffnen und zu sehen, wie der Herrscher der Heerscharen den Sieg im geistlichen Kampf gegen die Ablenkung gewann.

Die Botschaft ist einfach: Lassen Sie sich nicht ablenken, und schon gar nicht vom Fleisch. Ablenkung ist ein Feind Ihrer Seele. So ist es zum Beispiel eine Regel, daß vor einem Gottesdienst keiner mit mir spricht. Ich sage den Leuten:»Sagt mir nicht, was passiert.«

Ich will überhaupt nichts wissen. Wenn ich beginne, über die Nöte der Menschen nachzudenken, verkrampfe ich mich innerlich und habe dann Probleme, mich zu konzentrieren und einen klaren Kopf zu behalten. Ich muß mich mit Herz und Gedanken auf Gott und allein auf ihn konzentrieren. Ich kann nicht zulassen, daß Satan mich ablenkt, und Sie können das auch nicht. Denken Sie in Zeiten der Ablenkung daran, daß Gott Ihnen die Kraft gibt, zum Sieg durchzudringen.

Weiter zum Jordan!

Und was geschieht dann am Jordan, dem nächsten Halt? Gott öffnet Ihre Augen, Sie erhalten eine geistliche Sicht. Am Jordan war es, wo Johannes der Täufer den Heiligen Geist in Form einer Taube herabkommen sah. Am Jordan war es, wo Jesus seinen Dienst begann.

Jordan ist der Ort, wo Sie beginnen, über das Natürliche hinauszugehen und in den übernatürlichen Bereich einzutreten. Es ist der Ort, wo Elischa seine doppelte Salbung erhielt. Hier ein wunderschöner Abschnitt aus der Schrift:

»Hier nahm Elija seinen Mantel, rollte ihn zusammen und schlug mit ihm auf das Wasser. Dieses teilte sich nach beiden Seiten, und sie schritten trockenen Fußes hindurch. Als sie drüben angekommen waren, sagte Elija zu Elischa: Sprich eine

Bitte aus, die ich dir erfüllen soll, bevor ich von dir weggenommen werde. Elischa antwortete: Möchten mir doch zwei
Anteile deines Geistes zufallen. Elija entgegnete: Du hast
etwas Schweres erbeten. Wenn du siehst, wie ich von dir
weggenommen werde, wird es dir zuteil werden. Sonst aber
wird es nicht geschehen. Während sie miteinander gingen und
redeten, erschien ein feuriger Wagen mit feurigen Pferden und
trennte beide voneinander. Elija fuhr im Wirbelsturm zum
Himmel empor. Elischa sah es und rief laut: Mein Vater, mein
Vater! Wagen Israels und sein Lenker! Als er ihn nicht mehr
sah, faßte er sein Gewand und riß es mitten entzwei. Dann hob
er den Mantel auf, der Elija entfallen war, kehrte um und trat
an das Ufer des Jordan« (2 Kön 2,8–13).

In dieser Schriftstelle ist der Schatten dessen verborgen, was am
Jordan geschieht, am Ort des geistlichen Sehens. Elischa tat zwei
Dinge. Er riß seine alten Kleider vom Leib, was bedeutete, daß er
den alten Menschen und die Vergangenheit losließ. Dann hob er
den Mantel auf, der hinabgefallen war, und wußte nun, daß seine
Zeit des Übermaßes gekommen war. Wenn das Neue auf dem Weg
anbricht, sagen Sie der Vergangenheit Lebewohl. Geben Sie das
Alte auf, damit Gott in Ihrem Leben Neues vollbringen kann.

Sie können diese doppelte Salbung nicht empfangen, solange
Sie nicht die Verheißungen Gottes kennen und erwarten, Sie durch
Ihren Glauben an ihn zu empfangen. Abraham mußte Gott für den
Sohn vertrauen, den er ihm versprochen hatte. Das Vertrauen auf
eigene Kraft oder eigene Taten brachten ihm nicht den Sohn der
Verheißung. Bevor er Isaak empfing, mußte er ihn erst im Glauben
erblicken. Wenn Sie mit den Augen des Glaubens sehen, dann
bewegt sich die Verheißung mit Macht auf Sie zu.

In Lukas, Kapitel 18, Verse 35– 43, wird berichtet, wie der
blinde Bartimäus ein der hebräischen Tradition gemäß typisches
Gewand für Blinde trug. Jeder mit so einem Gewand war bekannt-
termaßen blind und hilflos, er brauchte Hilfe bei den einfachsten

Dingen im Leben, wie zum Beispiel Essen. Als Jesus hörte, wie er schrie, sagte er:»Bringt ihn zu mir.« Sofort warf Bartimäus seinen Umhang von sich. Ja, noch bevor er sein Wunder empfing, warf er sein Gewand von sich und zeigte damit seine vollständige Abhängigkeit von Gott. Er ließ das Alte hinter sich, um das Neue zu empfangen.

Wenn ich mich durch den Glauben als Kind Gottes sehe, dann laufe ich nicht mehr mit gesenktem Kopf und zu Boden gerichteten Augen umher und murmele nicht länger:»O Gott, ich bin so unwürdig, in deiner Gegenwart zu stehen.« Ich gehe in das Allerheiligste, nicht mit Schuldgefühlen, sondern frei von jeder Verdammnis. Die Dunkelheit, die mich einst gebunden hielt, verdunkelt mir nicht länger meinen geistlichen Blick. Ich sehe! Wenn ich das Wort lese, glaube ich es, und ich wandle als Kind Gottes.

Auf diese Weise sollten Sie auf die doppelte Salbung zugehen.

Sie werden nicht in der Mittelmäßigkeit Gilgals hängenbleiben. Sie gehen weiter nach Bet-El: Sie werden Ihrem Ich sterben und sich für immer für Gott entscheiden. Jericho: Sie werden jeden Teufel bekämpfen, der gegen Sie ankommt, und Sie werden siegen, weil Jesus, der Herr, an Ihrer Seite ist. Am Jordan werden Sie beginnen, die Erfüllung der himmlischen Verheißungen zu sehen, und Sie werden sie in Ihrem Leben anwenden. Sie werden eine Kraft für Gott sein, die Himmel und Hölle erschüttert.

Kapitel 17

Bereitschaft, den Preis zu bezahlen

Die Wichtigkeit der Salbung ist auf vielfältige Art belegt, wie wir gesehen haben, aber keiner bringt sie mit solcher Kraft zum Ausdruck wie der Psalmist, wie Sie im folgenden Auszug sehen können.

Achten Sie besonders auf das Ausmaß der durch David gegebenen Verheißungen über den Messias, des letzten Gesalbten, von dem auch Sie Ihre Salbung erhalten:

»Einst hast du in einer Vision zu deinen Frommen gesprochen:
Einen Helden habe ich zum König gekrönt,
einen jungen Mann aus dem Volk erhöht.
Ich habe David, meinen Knecht, gefunden
und ihn mit meinem heiligen Öl gesalbt.
Beständig wird meine Hand ihn halten
und mein Arm ihn stärken.
Kein Feind soll ihn täuschen,
kein ruchloser Mensch kann ihn bezwingen.
Vor ihm will ich die Feinde zerschmettern,
und alle, die ihn hassen, schlage ich nieder.
Meine Treue und meine Huld begleiten ihn,
und in meinem Namen erhebt er sein Haupt.
Ich lege seine Hand auf das Meer,
über die Ströme herrscht seine Rechte.
Er wird zu mir rufen:
Mein Vater bist du, mein Gott, der Fels meines Heiles.
Ich mache ihn zum erstgeborenen Sohn,
zum Höchsten unter den Herrschern der Erde.
Auf ewig werde ich ihm meine Huld bewahren,
mein Bund mit ihm bleibt allzeit bestehen« (Ps 89,20–29).

Hätten wir nichts außer diesem Text, dann sollten wir uns nach dieser wunderbaren Gabe ausstrecken, die unser ist. Stärke, Schutz, Sieg über den Feind, Treue, Vollmacht, Kraft, ein unendlicher Bund – immer weiter gehen die Verheißungen, die Ihnen und mir gelten durch den König der Könige, den Herrn Jesus Christus.

Denken Sie gut darüber nach

Die Salbung, die in diesen Verheißungen versprochen wird, beinhaltet aber auch einen Preis, wie ich in Kapitel 1 bereits schrieb, und dieser Preis ist sehr real. Sie werden wenig vollbringen oder noch Schlimmeres erleben, sollten Sie unklug oder sogar unehrlich handeln.

Dieser Preis ist das totale Sterben meiner selbst. Und dies geschieht nur im Gebet. Das Sterben muß täglich geschehen, wie Paulus schrieb (1 Kor 15,31). Ich kann nicht sagen: »Aber ich bin doch schon vor zwanzig Jahren gestorben.« Nein, »das Fleisch« muß täglich überwunden werden. Ein Fluch liegt auf ihm, und es muß täglich ans Kreuz gebracht werden. Jesus sagte es klar heraus: »Wer mein Jünger sein will, der verleugne sich selbst, nehme täglich sein Kreuz auf sich und folge mir nach« (Lk 9,23). Das kann nur im Gebet geschehen.

Sehen Sie, Sie und ich haben nicht die Kraft, zu Satan »nein« zu sagen; wir haben einfach keine Kraft in uns, ihm zu widerstehen. Die Kraft kommt nur, wenn der Heilige Geist auf uns ist. Giganten des Glaubens sind gefallen, weil sie nicht »nein« sagen konnten. Sie hatten sich auf ihre eigene Kraft verlassen.

Kathryn Kuhlman sagte vor Jahren: »Ich bin vor langer Zeit gestorben.« Und man hätte sie mißverstehen können, wenn sie nicht fortgefahren wäre mit den Worten: »Ich sterbe tausend Tode.« Damit meinte sie, daß sie zwar die Entscheidung zum

Sterben schon vor langer Zeit getroffen hatte, es aber jeden Tag wieder praktizieren mußte.

Dies ist eine der wichtigen Einsichten über die Gegenwart des Heiligen Geistes. Sie kommt auf einfache Weise, indem wir eine Entscheidung vor Gott fällen, die wir aussprechen, meinen, und uns dann völlig in seine Hände fallen lassen. Er weiß, ob Sie die Wahrheit sagen oder nicht, und darüber sollten Sie sich besser im klaren sein.

Hier geht es um lebenslänglich

Die Salbung Gottes, die Kraft Gottes, kommt über uns, indem wir Zeit mit ihm verbringen. Und es ist nicht eine einmalige Erfahrung, sondern eine lebenslängliche, eine, in der Sie sich völlig verausgaben.

Ich glaube nicht, daß ich in dem Ganzen auf einer hundertprozentigen Stufe angekommen bin, obwohl ich mir das ehrlich wünsche. Gott konnte mich benutzen, besonders in den letzten Jahren, und er wird dasselbe mit Ihnen tun.

In meinem Fall weiß ich, daß ich völlig den Wunsch verloren habe, irgend etwas mit der Welt zu tun zu haben. Meine weltlichen Wünsche sind verschwunden.

Es ist schwer, über diese Dinge zu reden und dabei ehrlich zu klingen in unserem von Zynismus geprägten Zeitalter, aber durch die Gegenwart und die Salbung des Heiligen Geistes bin ich völlig vereinnahmt von meinem Weg und meiner Arbeit mit Gott. Er ist buchstäblich alles, was ich habe. Würde er sagen: »Benny, gehe nach China«, dann würde ich alles verlassen und gehen. Ich habe keine Rebellion mehr in meinem Inneren.

Der Mangel an materiellen Wünschen bedeutet nicht, daß Satan aufgehört hätte, mich in Versuchung zu führen. Der tägliche Tod meiner selbst, nicht immer einfach, bleibt ein Kampf, der gekämpft werden muß.

Eine ehrliche Frage

Ein guter Freund stellte mir kürzlich eine Frage, die mich nachdenklich machte. »Glaubst du, daß Gott dich so gebrauchen konnte«, fragte er, »weil du in deinen jungen Jahren so ein Einzelgänger und so zurückgezogen warst, daß du gar nicht viele Tode sterben mußtest?«

Er sprach da einen wichtigen Punkt an, fand ich. Ich hatte früher einen starken Sprachfehler, ich war klein, und ich war äußerst schüchtern. Wenn wir zu Hause Besuch bekamen, versteckte ich mich oft unter meinem Bett.

Aber als Gott begann, mich zu gebrauchen, hatte ich buchstäblich nichts zu verlieren, und ich war auch an nichts gebunden. Ich hatte natürlich bestimmte Wünsche wie jeder Mensch – bestimmte Dinge, die ich gerne haben wollte. Aber Gott besprach diese Dinge mit mir und machte mir klar, was sein Wille war.

Nach langem Überlegen über die obige Frage glaube ich also, daß Gott oft Leute wie mich erwählt, Leute, von denen er weiß, daß sie nicht gegen ihn kämpfen. Aber wenn Sie dann in Gottes Gegenwart sind und seine Güte und Liebe spüren, dann gewinnt diese absolute Wahrheit Gewicht, und Sie werden sagen: »Wer könnte irgend etwas mehr wollen?« Er nimmt Sie einfach ganz für sich ein.

Ich habe erlebt, daß wenn man versucht, den Menschen zu erklären, was ihnen fehlt, sie einen oft anschauen, als sei man verrückt.

Es ist erstaunlich, er liebt Sie so sehr, obwohl Sie trotzdem nicht immer ganz im reinen mit ihm sind. Ich verderbe oft die Sachen und verfehle das Ziel, und ich betrübe ihn sehr oft, aber nie absichtlich. Eher wollte ich sterben, als das zu tun. Ich liebe ihn zu sehr, als daß ich ihn so verletzen könnte. Aber wenn ich etwas falsch mache, dann kommt er ganz sanft und korrigiert mich in meinen Sünden und Fehlern und Schwächen, und ich gehe weiter, nachdem ich Vergebung empfangen habe.

Mein Freund stellte eine noch schwierigere Frage bezüglich meiner Hingabe an meinen Dienst, aber die Antwort war diesmal einfacher. »Bist du sicher, daß dir die Arbeit im Reich Gottes nicht nur Spaß macht, weil du gut darin bist?«, und er hätte fortfahren können: »... und weil es sonst nicht viel zu tun gibt?«

Ich prüfte mein Inneres viele Male und kam zu dem Schluß, daß ich nie mein Leben und das Leben meiner Familie, oder mein Verhältnis zu Gott töten und ruinieren würde, um irgendeiner Sache zu dienen. Das klingt heldenhaft, aber es ist, wie Paulus es sagt: Die Liebe Gottes drängt mich (vgl. 2 Kor 5,14).

Ich habe die Gelegenheit, Gottes unglaubliche Liebe zu den Menschen zu sehen. Wenn ich dort auf der Bühne stehe und Tausende von Menschen sehe, Kinder, Rollstuhlfahrer, die Seelen von Männern und Frauen, die nach ihrem Schöpfer hungern, dann weiß ich ganz genau, aus welchem Grund ich in diesem Dienst stehe. Jedes Mal bete ich: »Hilf mir, den höheren Preis zu bezahlen, damit ich sehen kann, wie diese Menschen angerührt werden.«

Und ich muß sagen, ich weiß auch nicht, warum nicht jede Person angerührt und geheilt wird, aber ich weiß, daß Tausende von Menschen das erleben.

Und ich weiß auch, daß die vollständige Antwort in der Salbung des Heiligen Geistes liegt und in der Sehnsucht, die wir nach ihm verspüren – in unserer Bereitschaft, den Preis zu bezahlen.

Und ich bin zuversichtlich, daß Tausende von ihnen bereit sind, diesen Preis ebenfalls zu zahlen. Gott liebt die Welt und ihre Menschen immer mehr, als wir es uns je vorstellen könnten.

Es braucht viel Respekt

Der Respekt für diese Salbung ist ein sehr wichtiger Punkt. Es mag fürchterlich geistlich klingen, aber ich habe gehört, wie Gott vor dem »Spielen« mit der Salbung warnte.

Und ich bedränge Sie, lassen Sie auf Ihrem Weg mit dem Heiligen Geist nicht zu, daß irgend etwas geschieht, was respektlos dem Herrn gegenüber sein könnte.

Schon früh in Gottes Geschichte mit Israel wurde vor Respektlosigkeit gegenüber der offensichtlichen Salbung des Geistes gewarnt.

Numeri, Kapitel 12, beginnt mit dem Bericht, wie Mirjam und Aaron gegen Mose aufbegehrten, weil dieser eine äthiopische Frau geheiratet hatte.

Sie forderten Moses mit den Worten heraus: »Hat etwa der Herr nur mit Mose gesprochen? Hat er nicht auch mit uns gesprochen?« (Vers 2).

Und hier sagt die Schrift ungefähr, daß Mose demütiger war als alle Menschen auf der Erde. Er war Gottes erwählter Mann, und Gott richtete sie für ihre Respektlosigkeit.

»Mein ganzes Haus ist ihm anvertraut. Mit ihm rede ich von Mund zu Mund, von Angesicht zu Angesicht, nicht in Rätseln. Er darf die Gestalt des Herrn sehen. Warum habt ihr es gewagt, über meinen Knecht Mose zu reden?« (Verse 7– 8).

Gott gefiel ihre Respektlosigkeit gegenüber Mose und seiner Salbung nicht, heißt es in der Bibel: »Der Herr wurde zornig auf sie und ging weg. Kaum hatte die Wolke das Zelt verlassen, da war Mirjam weiß wie Schnee vor Aussatz.«

Gottes Mißfallen war sehr groß, und wäre Mose nicht dazwischengegangen, wäre Mirjam »wie eine Totgeburt« geblieben. Aaron entschuldigte sich und bettelte, und Mose schrie zu Gott: »Ach, heile sie doch!« So bestrafte sie Gott sieben Tage lang, indem sie aus dem Lager ausgesperrt wurde, und dann wurde sie geheilt (vgl. Verse 11–15).

Der Punkt ist: Aaron und Mirjam entfernten sich von ihrer Berufung, versuchten, ein Mose zu werden, und mißachteten dabei die mächtige Salbung, die auf ihm lag.

Versuchen Sie nie, ein Mose zu sein, wenn Sie keiner sind. Und es ist wichtig zu bemerken, daß erst die Wolke verschwand, bevor der Aussatz Mirjam schlug. Menschen, die ihrer Salbung davonlaufen, werden früher oder später merken, daß die Gegenwart verschwunden ist. Ja, Gott wird Ihnen vergeben, wenn Sie Buße tun.

Das Pferd und das Maultier

Wenn Sie in die wunderbare Gegenwart und Salbung eintreten, die der Heilige Geist für Sie bereithält, möchte ich über einen Vers mit Ihnen sprechen, der Sie vielleicht wie eine spitze Nadel piesacken wird.

In Psalm 32, Vers 9, heißt es: »Werdet nicht wie Roß und Maultier, die ohne Verstand sind. Mit Zaum und Zügel muß man ihr Ungestüm bändigen, sonst folgen sie dir nicht.«

Denken Sie darüber nach. Gott stupste mich eines Tages geradezu auf diesen Vers, und der Heilige Geist rüttelte mich damit förmlich auf.

Wissen Sie, was ein Pferd tut? Es rennt los, ist ungeduldig. Was tut ein Maultier? Es ist so stur, daß es sich nicht vom Fleck bewegt. Das eine rennt zu schnell, das andere will überhaupt nicht laufen.

Dies ist eine ernste Botschaft: Das Pferd wird aus der Salbung heraus in ein fleischliches Handeln hineinlaufen, während das Maultier in seinem fleischlichen Handeln stirbt.

Traurigerweise gibt es in der Kirche viele Maultiere. Sie wollen überhaupt nichts von Gott, keine Gegenwart, keine Salbung. Sie sind stur. Wenn ich in meiner Gemeinde schon nicht nur Schafe haben kann, die treu und bereitwillig dem Herrn folgen, so hätte ich dann doch lieber Pferde als Maultiere.

Pferde gehen wenigstens irgendwohin, und es besteht eine gewisse Chance, sie unter Kontrolle zu bringen.

Zeit zum Aufbruch

Wie ich bereits sagte, leben wir heute in aufregenden, mächtigen Zeiten. Die Sünde grassiert, aber die Gnade ist noch viel stärker. Millionen von Menschen bewegen sich von Gott weg. Die Gesellschaft gleicht einem Scherbenhaufen. Unsere Jugend leidet. Aber es gibt auch Millionen von Menschen, die nach Gott hungern, die mit ihm gehen und ihm dienen wollen. Ich vertraue darauf, daß Sie zu letzteren gehören, und ich bete, daß Sie auf Ihrem Weg voran in der Kraft des Heiligen Geistes gehen, in seiner kostbaren Salbung, die Gottes ganzem Volk gilt.

Lassen Sie sich durch nichts ablenken. Er will Sie unbedingt gewinnen.

Ich lade Sie ein, mit mir zu beten:

»Vater, ich liefere mich dir jetzt völlig aus. Ich lege dir alles hin – meinen Körper, meine Seele und meinen Geist, meine Familie, meinen Beruf, meine Finanzen, meine Schwächen, meine Stärken, meine Vergangenheit, meine Gegenwart und meine Zukunft, alles, was ich bin, für allezeit. Ich bitte dich, Herr, gib mir ein bereites bußfertiges Herz für alle Dinge, die ich getan habe und die dich betrübt haben, all meine Sünden, meine Verfehlungen, meine Herzenskälte und meinen Mangel an Vertrauen. Bitte gib mir die Kraft, umzukehren, den anderen Weg zu gehen, den Weg, der dir gefällt. Heiliger Geist, ich heiße dich in meinem Leben willkommen. Ich preise dich und liebe dich. Bitte hilf mir, die Dinge, die ich vom Vater durch Jesus erbeten habe, zu empfangen. Hilf mir, in Gemeinschaft mit dir zu kommen, denn ich weiß selbst einfach nicht, wie das geht. Mache mir deine Gegenwart völlig bewußt und befähige mich, deine Stimme zu hören. Ich verspreche dir, daß ich gehorchen will. Jesus, salbe mich mit deinem Heiligen Geist, wenn ich nun gehorche und lerne. Zeige mir, was ich als nächstes tun soll. Und hilf mir, nie die Gemeinschaft mit dir zu vernachlässigen. Ich bete dies im Namen Jesu, meines Herrn. Amen.«

»Ich lege meinen Geist in euch
und bewirke, daß ihr meinen Gesetzen folgt
und auf meine Gebote achtet und sie erfüllt« (Ez 36,27).

»Aber ihr werdet die Kraft des Heiligen Geistes empfangen,
der auf euch herabkommen wird;
und ihr werdet meine Zeugen sein
in Jerusalem und in ganz Judäa und Samarien
und bis an die Grenzen der Erde« (Apg 1,8).